# CAHIERS

▶ n° 168 / 1er trimestre 2022

# PHILOSOPHIQUES

T0098901

**CAHIERS PHILOSOPHIQUES**
est une publication de la Librairie Philosophique J. Vrin
6, place de la Sorbonne
75005 Paris
www.vrin.fr
contact@vrin.fr

**Directeur de la publication**
DENIS ARNAUD

**Rédactrice en chef**
NATHALIE CHOUCHAN

**Comité scientifique**
BARBARA CASSIN
ANNE FAGOT-LARGEAULT
FRANCINE MARKOVITS
PIERRE-FRANÇOIS MOREAU
JEAN-LOUIS POIRIER

**Comité de rédaction**
ALIÈNOR BERTRAND
LAURE BORDONABA
MICHEL BOURDEAU
JEAN-MARIE CHEVALIER
MICHÈLE COHEN-HALIMI
JACQUES-LOUIS LANTOINE
BARBARA DE NEGRONI
STÉPHANE MARCHAND
SÉBASTIEN ROMAN

**Sites internet**
www.vrin.fr/cahiersphilosophiques.htm
http://cahiersphilosophiques.hypotheses.org
www.cairn.info/revue-cahiers-philosophiques.htm

**Suivi éditorial**
ÉMILIE BRUSSON
ANOUK PABIOU

**Abonnements**
FRÉDÉRIC MENDES
Tél. : 01 43 54 03 47 – Fax : 01 43 54 48 18
abonnement@vrin.fr

**Vente aux libraires**
Tél. : 01 43 54 03 10
comptoir@vrin.fr

La revue reçoit et examine tous les articles, y compris ceux qui sont sans lien avec les thèmes retenus pour les dossiers. Ils peuvent être adressés à : cahiersphilosophiques@vrin.fr. Le calibrage d'un article est de 45 000 caractères, précédé d'un résumé de 700 caractères, espaces comprises.

En application du Code de la Propriété intellectuelle et notamment de ses articles L. 122-4, L. 122-5 et L. 335-2, toute représentation ou reproduction intégrale ou partielle faite sans le consentement de l'auteur ou de ses ayants droits ou ayants cause est illicite. Une telle représentation ou reproduction constituerait un délit de contrefaçon, puni de deux ans d'emprisonnement et de 150 000 euros d'amende. Ne sont autorisés que les copies ou reproductions strictement réservées à l'usage privé du copiste et non destinées à une utilisation collective, ainsi que les analyses et courtes citations, sous réserve que soient indiqués clairement le nom de l'auteur et la source.

ISSN 0241-2799
ISSN numérique : 2264-2641
ISBN 978-2-7116-6021-6
Dépôt légal : novembre 2022
© Librairie Philosophique J. Vrin, 2022

# SOMMAIRE

■ ÉDITORIAL

■ DOSSIER
## GINZBURG ET LES CROYANCES

**11** **La méthode morphologique et le problème de l'autonomie de la culture populaire chez Carlo Ginzburg**
Fabio Dei

**25** **Le paysage dans le visage**
L'épistémologie concrète de Carlo Ginzburg et le cas d'Ernesto De Martino
Maririta Guerbo

**39** **Comment pense un meunier**
L'apport de la microhistoire à une épistémologie élargie
Frédéric Fruteau de Laclos

**61** **Comment l'hétérodoxie est-elle possible?**
Remarques sur le cas Menocchio
Christophe Grellard

**77** **Une théologie politique de l'ambiguïté**
Philippe Büttgen

■ LES INTROUVABLES DES CAHIERS
**95** **Dialogue avec Carlo Ginzburg**
Propos recueillis par Giordana Charuty et Daniel Fabre

■ SITUATIONS
**109** *Les batailles nocturnes* **en français, 40 ans après**
Entretien avec Giordana Charuty et Carlo Ginzburg

■ PARUTIONS
**121** **Carlo Ginzburg,** *Indagini su Piero*

# Ginzburg et les croyances

## LA MÉTHODE MORPHOLOGIQUE ET LE PROBLÈME DE L'AUTONOMIE DE LA CULTURE POPULAIRE CHEZ CARLO GINZBURG

Fabio Dei
*Traduit de l'italien par Maririta Guerbo*

Dans *Le sabbat des sorcières* Ginzburg, s'efforçant d'expliciter la « méthode morphologique » à l'œuvre dans cet ouvrage, affirme reprendre à son compte certaines « questions » formulées par Frazer dans *Le Rameau d'or* – soit un comparatisme élargi –, sans en « accepter les réponses ». « Mon Frazer a lu Wittgenstein » ajoute-t-il dans une boutade. Dans cet article, on se demandera en quel sens la morphologie de Ginzburg diffère d'une approche « transculturelle » et on analysera comment cette démarche morphologique se fraie une voie dans un dialogue entre histoire et anthropologie.

D ans la postface à la nouvelle édition des *Batailles nocturnes* parue récemment chez l'éditeur Adelphi, Carlo Ginzburg réfléchit sur les motivations fondamentales qui l'ont amené, au début des années 1960, à ouvrir la ligne de recherche qui a marqué particulièrement sa carrière d'historien, à partir de ce premier livre et jusqu'au *Sabbat des sorcières* : l'étude des cultures subalternes à l'âge moderne, du point de vue des victimes de la persécution, documentée dans les procès pour sorcellerie et hérésie. D'un côté, il mentionne une sorte de motivation inconsciente, personnelle et autobiographique, liée à la persécution antisémite subie par sa famille et à un certain nombre de souvenirs d'enfance qui datent de la Seconde Guerre mondiale[1]. De l'autre côté, il reconstruit un parcours de stimulations intellectuelles lié au rapport entre l'histoire et l'anthropologie, et c'est ce parcours même que je voudrais

---

1. C. Ginzburg, « I benandanti. Cinquant'anni dopo », dans C. Ginzburg, *I benandanti*, Milano, Adelphi, 2020, p. 281-300, notamment p. 283.

approfondir dans ma contribution. Tout d'abord, Ginzburg commence par citer trois livres, lus « entre dix-huit et dix-neuf ans », qui seraient à la base des choix théoriques à venir : les *Cahiers de prison* d'Antonio Gramsci, *Le Christ s'est arrêté à Eboli* de Carlo Levi et *Le monde magique* d'Ernesto De Martino. Il faut remarquer immédiatement qu'il s'agit peut-être des trois grands livres sur lesquels s'est construite l'anthropologie italienne du second après-guerre – ou mieux, il faudrait dire l'ethnologie, comme le faisait De Martino pour la distinguer, et des démarches anthropologiques anglophones, et du vieux folklore, marqué par son assise positiviste et philologique (et lourdement compromis avec le fascisme). Les *Observations sur le « Folklore »* contenues dans l'œuvre gramscienne, et publiées pour la première fois à la fin des années 1940, avaient été à la base d'un programme de recherche qui portait sur la culture populaire, comprise comme « conception du monde et de la vie » des classes subalternes, caractéristique et distinctive par rapport à la culture dominante. Carlo Levi avait anticipé cette approche dans son roman-enquête sur la culture paysanne d'Italie du Sud, insistant sur ses aspects magico-religieux, même s'il avait choisi de la représenter, d'une manière très peu gramscienne, comme « hors de l'histoire ». De Martino aussi avait insisté sur le thème de la magie comme trait particulier de la forme de vie subalterne, d'abord dans *Le monde magique* et ensuite dans les monographies ethnographiques très connues sur la Lucanie et le Salento. Pourtant, l'ethnologue avait inversé l'interprétation du phénomène par rapport à la perspective de Levi : la magie ne lui apparaissait pas comme un fardeau d'arriération, mais comme le mécanisme culturel capable de s'opposer aux conditions matérielles épouvantables qui marquaient la vie des paysans pauvres du Sud, en en protégeant et en en rachetant la « présence », c'est-à-dire l'autonomie existentielle, ce que nous pourrions appeler aujourd'hui leur *agency*. En feignant de construire un « horizon métahistorique », la culture magique donnerait en réalité à ces femmes et à ces hommes la capacité d'agir factuellement à l'intérieur de l'histoire.

C'est dans cette perspective que Ginzburg fait ses premiers pas. Son idée d'« étudier les procès de sorcellerie comme des documents de la lutte de classe »[2] s'insère clairement dans la lignée de Gramsci, même si elle interprète d'une manière un peu naïve le rapport hégémonie-subalternité (je reviendrai sur ce dernier point par la suite). Ginzburg fait dériver une telle interprétation, d'une part, de l'imaginaire romantique de la sorcière, présent par exemple chez Michelet[3] et, d'autre part, des lectures du concept d'« histoire des classes subalternes » proposées par Eric Hobsbawm, qui soulignait le caractère antagoniste des phénomènes marginaux et déviants (par exemple, le phénomène du brigandage que l'historien anglais commençait à étudier dans ces mêmes années). Chez De Martino, toutefois, il y avait plus que cela : il y avait la figure du chaman, conçu comme un « Christ magique » qui libère l'humanité du « péché » de la crise de la présence. Concernant le chamanisme, De Martino se fondait sur les textes ethnographiques chez les

■ 2. C. Ginzburg, « I benandanti. Cinquant'anni dopo », *op. cit.*, p. 284.
■ 3. Voir, parmi d'autres références, C. Ginzburg, « Viaggiare in spirito, dal Friuli alla Siberia », dans C. Presezzi (dir.), *Streghe, sciamani, visionari. In margine a Storia notturna di Carlo Ginzburg*, Roma, Viella, 2019, p. 46.

Toungouses de l'anthropologue russe Sergej M. Shirokogoroff que Ginzburg ne connaissait pas à l'époque, mais qui seront déterminants pour la suite de son parcours de chercheur. C'est la ressemblance entre la phénoménologie des *benandanti* frioulans et celle des chamans toungouses qui frappe Ginzburg et ouvre *de facto* le sentier difficile et accidenté qui conduira au *Sabbat des sorcières*. Autrement dit, le problème qui s'ouvre ici est un problème de morphologie. C'est pour cela, affirme Ginzburg, qu'« étudier les victimes de la persécution était un thème inadmissible [pour un historien], tacitement réservé aux anthropologues » ; et il ajoute que « seulement beaucoup de temps après j'aurai compris que ma recherche s'insérait dans le dialogue entre histoire et anthropologie qui commençait à la même époque et qui se révélera particulièrement fécond »[4]. Mais pourquoi était-il inadmissible ? Certes, les sources sont indisponibles, puisque les persécuteurs sont les seuls à avoir laissé des traces écrites derrière eux, et puisque nous ne pouvons pas entendre directement la voix des victimes. Mais il y a aussi une raison épistémologique plus profonde. L'historiographie ne semblait pas prête à accueillir une problématique de type morphologique ou comparatiste – et elle la considérait par principe comme une problématique transculturelle et généralisante, à laisser donc aux sciences sociales, et notamment à l'anthropologie. Mais Ginzburg ne veut pas abandonner le terrain historiographique, et il tient fermement à affirmer « l'impossibilité à accepter l'interprétation du chamanisme comme catégorie transculturelle ». « Si je l'avais accepté », ajoute-t-il, « l'analogie entre les *benandanti* frioulans et les chamans sibériens qui m'avait sidéré au tout début de mes recherches aurait trouvé une explication tout à fait légitime. Mon attitude était différente : l'analogie me semblait impliquer un type de connexion que je n'étais pas capable de soutenir. Du point de vue historique, la question à laquelle je cherchais à répondre était, littéralement, inadmissible »[5].

Pour ma part, je ne suis pas tout à fait d'accord avec le fait de considérer l'approche anthropologique comme un synonyme de l'approche morphologique. Avec le corollaire implicite qu'à l'histoire reviendrait de s'occuper du particulier, des contextes culturels spécifiques et des formes de circulation philologiquement documentées et caractérisées par une contiguïté spatiale ou temporelle ; tandis que l'anthropologie aspirerait à l'universel, ou à la « nature humaine », en travaillant sur des hypothèses ou des spéculations transculturelles ou extra-contextuelles, sans se laisser limiter trop strictement par la philologie. Lorsque Ginzburg parle de « s'insérer dans le dialogue entre histoire et anthropologie », mais de refuser en même temps le chemin trop facile de l'approche transculturelle, il me semble en train de protester également contre un rapport du même type, et donc trop dichotomique, entre les deux disciplines. La morphologie ne peut pas être comprise comme l'instrument d'une science anthropologique toute nomothétique, par opposition à l'approche intégralement idéographique de l'histoire. Ce dont les deux disciplines ont véritablement besoin est de poser des problèmes et d'ouvrir des parcours d'analyse et d'interprétation qui doivent ensuite se replonger

■ 4. C. Ginzburg, « I benandanti. Cinquant'anni dopo », *op. cit.*, p. 284.
■ 5. C. Ginzburg, « Viaggiare in spirito, dal Friuli alla Siberia », *op. cit.*, p. 59.

dans les contextes concrets, respectivement historiques et ethnographiques. C'est dans cette même perspective que j'ai toujours été fasciné par l'évocation d'un « Frazer qui a lu Wittgenstein » que Ginzburg lance dans *Le sabbat des sorcières*. Je vais maintenant chercher à expliquer quelles sont les raisons de ma fascination en faisant un bref détour par les années de la première édition de l'ouvrage en Italie.

## Ginzburg, Frazer et Wittgenstein

Lorsque *Le sabbat des sorcières* est paru, je n'avais pas encore commencé à travailler sur ma thèse et j'écrivais pour *Ossimori*, une petite revue d'anthropologie « underground » dirigée par Pietro Clemente. Dans ces années-là, nous nous posions le problème du futur de l'anthropologie, après la période intense et paradigmatique du structuralisme et du marxisme. Les approches internationales les plus à la mode étaient l'approche interprétative, liée à Clifford Geertz, et le postmodernisme, étiquette sous laquelle passait un peu de tout : une idée toute nord-américaine de radicalisme politique et de *politically correct* et le jargon, qui commençait à entrer dans le lexique anthropologique, de la *French Theory*, qui s'est si insidieusement collé aux sciences humaines aujourd'hui. Mais il y avait aussi l'idée d'une analyse plus rigoureuse des conditions rhétoriques et littéraires, voire politiques, de production des représentations ethnographiques et anthropologiques. Les auteurs américains qui, à l'occasion d'un colloque et dans un livre intitulé *Writing Culture*, avaient lancé cette problématique, voulaient proposer sur le terrain de l'anthropologie, plus ou moins la même chose qu'Hayden White avait proposée en histoire : l'idée qu'une transparence épistémologique intégrale des « sciences de l'esprit » implique la prise de conscience des présupposés « pratiques » qui sont à la base de la construction d'un récit historique ou d'une représentation ethnographique, à partir de la position de l'auteur et des ressources linguistiques, stylistiques et tropologiques employées. À la même époque Carlo Ginzburg s'attaquait déjà, et radicalement, à l'approche de la *Metahistory*, en l'accusant de produire une forme d'idéalisme proche de celui de Giovanni Gentile et, par là, de détruire l'idée même de vérité historique. Je pense tout particulièrement à un très bel article, paru en 1992, *Just one Witness*, où Ginzburg, au nom de Primo Levi, se bat contre les dérives nihilistes du relativisme historiographique. Partant, à l'époque, ces suggestions étaient pour nous comme une bouffée d'air frais par rapport aux totalisations de la philosophie de l'histoire ou au technicisme sémiologique qui avaient dominé la période précédente. Air frais aussi, d'autre part, par rapport à une idée naïve de « facticité », jamais problématisée, et encore platement événementielle. Je me réfère à un certain « naturalisme », dans l'acception définie déjà dans les années 1940 par Ernesto De Martino d'un positivisme naïf qui dominait encore les études anthropologiques et folkloriques italiennes – y compris les études qui s'autoproclamaient héritières de De Martino.

En somme, nous étions enthousiastes devant le « tournant rhétorique » ou « réflexif » en anthropologie, et nous faisions le lien précisément avec cette constellation Frazer-Wittgenstein, à l'époque beaucoup moins connue qu'aujourd'hui, que nous avions retrouvée dans *Le sabbat des sorcières* formulée avec une lucidité frappante. Ginzburg y déclare avoir trouvé dans les *Remarques sur* Le rameau d'or *de Frazer* du philosophe autrichien une légitimation *a posteriori* de la méthode qu'il était en train d'utiliser « depuis des années, à tâtons » : il se réfère notamment aux extraits sur la *übersichtliche Darstellung*, comme méthode alternative à « l'explication historique », qui consiste dans le fait de « voir les données dans leurs relations mutuelles et de les rassembler dans une image générale sans les présenter sous la forme d'une hypothèse d'évolution dans le temps, [dans le fait de] "voir les connexions". D'où l'importance de la découverte de *liens intermédiaires* »[6]. Certes, l'historien ne pouvait pas accepter tout à fait cette apparente dévaluation d'un savoir fondé sur une « hypothèse d'évolution ». Ginzburg renversait donc le concept de Wittgenstein : plutôt que relire les hypothèses diachroniques dans les termes d'une vision synoptique morphologique, il tentait de relire les connexions morphologiques en termes d'hypothèses historiques :

> La connexion formelle peut être considérée comme une hypothèse évolutive, ou mieux génétique, formulée de manière différente. À travers la comparaison, il fallait essayer de traduire en termes historiques la distribution des faits, présentés jusqu'à ce moment-là sur la base d'affinités internes et formelles. Ce serait donc la morphologie qui aurait, bien qu'elle soit a-chronique, fondé, sur l'exemple de Propp, la diachronie[7].

C'est sous cet angle qu'il semblait possible à Ginzburg de récupérer le comparatisme de grande envergure de Frazer : « On peut reformuler certaines des questions posées par Frazer sans en accepter les réponses (mon Frazer a lu Wittgenstein) »[8].

Pendant les années 1980, les *Remarques sur* Le rameau d'or *de Frazer* était précisément l'une de nos lectures préférées. Nous en avions déduit en effet que les observations du philosophe ne se limitaient pas à liquider Frazer (aucun besoin de le liquider, puisqu'il avait été amplement liquidé par l'histoire même des études anthropologiques), au contraire, elles en proposaient une lecture différente, centrée moins sur les théories explicites ou sur les hypothèses de connexion philologique soutenues par l'auteur que sur le contenu du texte lui-même. « "Et ainsi le chœur indique une loi secrète", aurait-on envie de dire de la façon dont Frazer regroupe les faits »[9]. Voici, d'après notre lecture, l'aphorisme central des *Remarques*. La juxtaposition et l'agrégation de milliers de « données » dans l'œuvre de Frazer renvoient à des règles différentes de celles explicitées par l'auteur lui-même : en définitive, elles renvoient aux mêmes lois analogiques et sympathiques qui, d'après Frazer, sont à l'origine de la pensée magique. Il y a un texte « sauvage » sous la surface évolutionniste et positiviste. Lorsque Wittgenstein affirme que « Frazer est bien plus sauvage que la plupart de ses sauvages »[10], il exprime un jugement ambivalent : à côté de l'attitude méprisante envers l'écrivain,

---

▓ 6. L. Wittgenstein, *Philosophica III : Conférence sur l'éthique – Remarques sur* Le rameau d'or *de Frazer – Cours sur la liberté de la volonté*, trad. fr. É. Rigal, J.-P. Cometti, G. Granel, Mauvezin, T.E.R.., 2001, p. 33-34.

▓ 7. C. Ginzburg, *Le sabbat des sorcières*, trad. fr. M. Aymard, Paris, Gallimard, 1992, p. 28.

▓ 8. *Ibid.*, p. 352, note 76.

▓ 9. L. Wittgenstein, *Philosophica III, op. cit.*, p. 33.

▓ 10. *Ibid.*

il y a aussi le dévoilement d'une qualité cachée du texte. Autrement dit, on pouvait récupérer Frazer par la lecture de Wittgenstein : son texte « sauvage », inadmissible pour la sensibilité moderniste, finissait par être en accord avec la sensibilité postmoderne – il suffit de penser, par exemple, à la réfutation consciente des limites contextuelles, à la juxtaposition de plans temporels différents, ou encore, au jeu analogique des associations[11].

Cette poétique postmoderne du « jeu », du pastiche et des « expérimentations » ethnographiques aurait montré bientôt son inconsistance. Ce n'était certainement pas à cela que Ginzburg faisait référence. Mais *Le sabbat des sorcières* nous avait subjugués précisément pour cette raison, parce qu'il proposait un travail morphologique et un certain degré de créativité interprétative qui restaient néanmoins compatibles avec les règles de l'historiographie et la rigueur de la philologie. Par ailleurs, contre une certaine vulgate, il faut rappeler qu'il n'y a, chez Wittgenstein, aucune dévaluation du savoir historique (au profit du savoir morphologique, ou encore moins de l'anthropologie). La morphologie, les représentations synoptiques et les classements polythétiques ne définissent, chez le philosophe, aucune méthode pour la compréhension anthropologique. Ce qui intéressait Wittgenstein dans sa critique de Frazer était de parvenir à distinguer les problèmes empiriques des problèmes ayant une nature conceptuelle ou esthétique. Il suffit de penser au problème de l'origine des fêtes du feu. Frazer voudrait nous faire croire que les fêtes de Beltaine tirent leur profondeur sinistre des sacrifices humains qui sont à leur origine, une origine hypothétique bien entendu. Tout au contraire, remarque Wittgenstein, l'hypothèse des sacrifices humains nous vient à l'esprit en vertu de la sinistre profondeur inhérente à ces pratiques. Ginzburg saisissait bien ce point, déplaçant toutefois le discours du terrain esthétique sur celui des questions historico-documentaires. Bref, il ne renonçait pas, à son tour et à sa manière, à produire un « texte sauvage », poussé par des courts-circuits analogiques et par des suggestions interprétatives fortes ; tout en le recouvrant, et cela en vertu d'une extraordinaire érudition, par un texte parallèle soutenu soigneusement par des liens de contiguïté historico-philologique. Le livre est merveilleux et passionnant, et cela en vertu précisément de cette double structure : il contient une dimension et une problématique « esthétiques » que les nombreuses critiques philologiques reçues ne parviennent pas à atteindre. Comme pour *Le rameau d'or*, nous continuons, et nous continuerons, à le lire – même si, contre l'auteur même de l'œuvre, on le lira dans une perspective transculturelle. En effet, aucune donnée empirique ou « découverte documentaire » ne pourra jamais confirmer ou réfuter son interprétation globale.

Mais pourquoi alors, pourrait-on se demander, une anthropologie wittgensteinienne et ginzburghienne n'a-t-elle jamais vu le jour ? Peut-être, parce que la leçon méthodologique du *Sabbat des sorcières* est apparue, paradoxalement, liée et légitimée par l'approche postmoderne qu'il avait tenté, avec tant d'efforts, de contrecarrer ; et qui, inversement, a fini par l'emporter

■ 11. P. Clemente (dir.), « I frutti del Ramo d'oro. James G. Frazer e le eredità dell'antropologia », *La ricerca folklorica* X, 1984 ; F. Dei, *James G. Frazer e la cultura del Novecento. Antropologia, psicoanalisi, letteratura*, Roma, Carocci, 2021.

dans son implosion. Mais il y a aussi une autre raison à cela : *Le sabbat* ne propose pas une méthode susceptible d'être reproduite. Il a plutôt la nature de l'œuvre d'art : un chef-d'œuvre produit par un artisan très raffiné, et qui n'est pas reproductible en série, pour l'ampleur de son érudition et pour la profondeur de la vision historique qu'il dessine.

## L'autonomie de la culture populaire

Au-delà de l'usage de la méthode morphologique, un autre aspect fondamental du rapport de l'histoire à l'anthropologie se dessine progressivement dans l'œuvre de Ginzburg, en connexion encore plus directe avec la constellation Gramsci-Levi-De Martino dont nous sommes partis. Je fais référence au thème de la « culture populaire » et de son autonomie à l'égard de la culture dominante. La tentative de donner une voix aux persécutés ou aux victimes de l'histoire n'était aucunement une « question inadmissible » à l'époque où Ginzburg s'en chargeait. Au contraire, elle s'insérait dans un contexte politico-culturel très favorable : une « mode », comme la définit l'auteur déjà à la fin des années 1970.

> Parfois, les modes culturelles s'enflamment soudainement, brûlent rapidement et s'éteignent sans laisser aucune trace. Mais il est facile de prévoir que les études (historiques ou pas) de la culture populaire survivront à la mode qui les entoure aujourd'hui. Ce qui est certain est qu'il s'agit d'une mode. Derrière elle, on peut entrevoir un véritable intérêt, partagé dans des milieux très variés. Administrations locales, chercheurs jeunes et moins jeunes, groupes catholiques, syndicalistes, militants ou ex-militants de l'extrême gauche, partisans de Communion et Libération, chanteurs, prêtres et professeurs se sont occupés dans les dernières années de culture des classes subalternes … [12]

L'introduction au *Fromage et les vers*, écrite en 1976, est peut-être le texte où Ginzburg traite avec la plus grande systématicité et d'une manière programmatique le concept de culture populaire. Il le fait en référence au débat anthropologique, en soutenant que c'est précisément le concept anthropologique de culture qui rend possible le projet de reconstruction du « complexe d'attitudes, de croyances, de codes de comportement, etc., propres aux classes subalternes à une époque donnée » [13]. C'est l'une des très rares pages où Ginzburg se met en dialogue, même s'il le fait d'une manière qui demeure générale, avec la tradition démologique italienne [14], c'est-à-dire avec la refonte des études folkloriques liées à Gramsci et à De Martino, qui s'était développée après la mort de ce dernier en 1965. Il cite en effet Alberto M. Cirese et Luigi M. Lombardi Satriani, les plus connus parmi les partisans de cette perspective (même s'ils sont théoriquement très distants l'un de l'autre), et il emploie la notion de « différences de niveaux culturels » intérieures aux sociétés occidentales

▩ 12. C. Ginzburg, « Introduzione », dans P. Burke, *Cultura popolare nell'Europa moderna*, Milan, Mondadori, 1979, P. I.

▩ 13. C. Ginzburg, *Le fromage et les vers. L'univers d'un meunier du XVIᵉ siècle*, trad. fr. M. Aymard, Paris, Flammarion, 1980, p. 8.

▩ 14. Voir P. P. Viazzo, « A scuola dall'antropologo. Rileggere *Il formaggio e i vermi* di Carlo Ginzburg, quarant'anni dopo. Con una postilla di Carlo Ginzburg », *Anuac* IX, 2020, p. 141-50.

que Cirese avait fait devenir l'étiquette distinctive du nouveau mouvement[15]. Dans une apostille à un article récent[16], Ginzburg déclare en réalité de ne pas avoir été particulièrement influencé par la démologie italienne post-demartinienne : il évoque plutôt les noms de Mauss, Lévi-Strauss et Pike, en plus de De Martino, pour désigner les anthropologues qui l'ont davantage influencé. Et pourtant, il semble, au moins en partie, participer de ce même climat culturel des années 1970 qu'il partage avec les anthropologues italiens. Ces derniers étaient convaincus en effet que la culture des classes subalternes, en vertu du lien avec leurs conditions matérielles de vie dans des contextes historico-sociaux déterminés, allait constituer un ensemble relativement unifié et cohérent. Ils pensaient en outre que cette culture pouvait être décrite plus ou moins comme Malinowski l'avait fait avec la culture trobriandaise et Evans-Pritchard avec celle des Nuer. L'idée du « conglomérat indigeste » est le seul aspect de Gramsci à ne pas être aimé : elle est considérée comme une contradiction interne au raisonnement du penseur sarde, mieux encore comme une défaillance ou une concession faite à l'idéalisme de Benedetto Croce, d'après lequel la vraie culture est exclusivement la culture produite par les classes supérieures, dont la culture populaire ne serait que le « négatif » – un négatif dont on ne peut pas faire l'histoire. Il est facile de comprendre l'enthousiasme de cette époque qui traversait des grands changements sociaux et où on découvrait, en la revendiquant, l'égale dignité d'une « histoire d'en bas ». En ce qui concerne la démologie, tout cela présentait néanmoins un danger : en soulignant l'autonomie de la culture subalterne, on risquait – comme nous le dirions aujourd'hui – de l'*essentialiser*, c'est-à-dire de l'étudier, et cela contre Gramsci, en faisant abstraction des dynamiques hégémoniques dans leur mutabilité historique. Cet isolement excessif d'un répertoire de traits « populaires » et ruraux, par rapport à la haute culture mettra, à partir des années 1970, la démologie en difficulté, en l'empêchant de comprendre les changements culturels produits par la modernisation. C'est ainsi qu'elle finira par traiter la culture de masse comme un simple phénomène de déculturation et d'anéantissement des différences et par tomber dans une nostalgie esthétisante de l'ancienne culture paysanne, seul rempart de résistance possible au consumérisme et au capitalisme tardif[17].

> Donner une voix aux persécutés ou aux victimes de l'histoire.

En tant qu'historien de l'époque moderne, Ginzburg pouvait ne pas se poser ce dernier problème. Ce qui l'intéressait était de saisir les différences de niveaux culturels à l'œuvre dans un contexte historico-social déterminé. Et d'ailleurs, il le faisait sans jamais perdre de vue les rapports liant la haute culture et la culture populaire – des rapports qui ne sont jamais dichotomiques, mais caractérisés plutôt par une pluralité de niveaux intermédiaires.

■ 15. Voir F. Benigno, « Cultura popolare », dans F. Benigno, *Parole nel tempo*, Roma, Viella, 2013, p. 88 *sq.*
■ 16. P. P. Viazzo, « A scuola dall'antropologo. Rileggere *Il formaggio e i vermi* di Carlo Ginzburg, quarant'anni dopo. Con una postilla di Carlo Ginzburg », *op. cit.*, p. 148.
■ 17. F. Dei, *Cultura popolare in Italia. Da Gramsci all'Unesco*, Bologna, Il Mulino, 2018.

Ginzburg aussi prenait parti de manière tranchée contre la revendication de l'autonomie relative de la culture populaire, en considérant dépassée « la conception de ceux qui ne voyaient dans les idées des classes subalternes, leurs croyances et leurs visions du monde, rien d'autre qu'un amas inorganique d'idées, croyances et visions du monde élaborées par les classes dominantes, peut-être plusieurs siècles auparavant » (position qu'il attribue également à Gramsci)[18]. À ce même propos, *Folklore, magia, religione*, le long essai par lequel l'historien contribue à la *Storia d'Italia* d'Einaudi est remarquable[19]. Par conséquent, avant de traiter le cas de Menocchio, il passe en revue les approches historiographiques, françaises notamment, qui dans les mêmes années avaient interprété la culture populaire comme un simple produit dérivé des stratégies dominantes. Il s'en prend par exemple à Robert Mandrou, lequel avait mis en valeur, par l'étude de la littérature de *colportage*, sa capacité d'acculturation, en formulant l'hypothèse d'une passivité totale des classes populaires sous l'Ancien Régime – en finissant néanmoins par confondre la culture produite pour le peuple avec la culture produite par le peuple. Ginzburg adresse une critique plus radicale encore à Michel Foucault et à d'autres historiens, comme Michel de Certeau et Jacques Revel, qui décident de suivre le premier sur le terrain ouvert par l'interrogation suivante : la culture populaire existe-t-elle en dehors du geste qui la supprime?[20]. Les arguments que Ginzburg déploie à ce propos sont encore très actuels, vu l'énorme succès rencontré par Foucault aujourd'hui (même s'il s'agit d'un Foucault souvent relu et schématisé au-delà de l'Atlantique) :

Ce qui intéresse surtout Foucault, ce sont le geste et les critères de l'exclusion : les exclus un peu moins. Dans l'*Histoire de la folie* était déjà implicite, au moins en partie, la trajectoire qui a porté Foucault à écrire *Les mots et les choses* et *L'archéologie du savoir*. [...] Selon toute probabilité, elle s'est trouvée accélérée par les objections d'un nihilisme facile soulevées par J. Derrida contre l'*Histoire de la folie*. On ne peut pas parler de la folie dans un langage qui participe historiquement à la raison occidentale, ni non plus du processus qui a conduit à la répression de la folie elle-même : le point d'appui d'où Foucault a fait partir sa recherche – a écrit en substance Derrida – n'existe pas, il ne peut exister. L'ambitieux projet de Foucault d'une « archéologie du silence » s'est transformé ici en silence pur et simple, accompagné éventuellement d'une muette contemplation esthétisante[21].

Certes, cette perspective fait droit au caractère irréductible de la culture populaire (ou au moins de la culture des exclus ou des marginaux), par rapport à la culture dominante, mais une telle différence spécifique est absolutisée : tout se passe comme s'il s'agissait d'un discours incommensurable à la raison hégémonique, et donc impénétrable à une analyse rationnelle qui prétendrait explorer, à la fois, les frontières et les échanges constants entre

18. C. Ginzburg, *Le fromage et les vers. L'univers d'un meunier du XVIe siècle, op. cit.*, p. 8, note 24.
19. C. Ginzburg, « Folklore, magia, religione », dans *Storia d'Italia. Vol. I, I caratteri originali*, Torino, Einaudi, 1972, p. 603-676.
20. *Cf.* C. Ginzburg, *Le fromage et les vers. L'univers d'un meunier du XVIe siècle, op. cit.*, p. 12.
21. *Ibid.*, p. 12 et 13.

l'hégémonique et le subalterne. À tout cela, Ginzburg oppose la recherche historique dans ce qu'elle a de plus concret : il fait référence précisément aux *benandanti* comme au cas par excellence où, par un travail interprétatif visant les écarts et les dissonances entre les voix dominantes (des inquisiteurs) et les voix subalternes (de celles et ceux placés sous enquête), l'historien parvient à saisir positivement « une couche profonde de croyances populaires, pour l'essentiel autonomes »[22]. *Le sabbat des sorcières* poussera à l'extrême cette approche, tout en en renversant la méthode : ici, ce n'est plus à l'émergence d'une singularité documentaire qu'il revient de démontrer l'existence d'une culture populaire autonome, mais c'est au présupposé de l'autonomie qu'il incombe de conduire la recherche dans un long détour au milieu de sources partiellement décontextualisées.

Pourtant, une bonne partie des critiques historiographiques adressées à Ginzburg se concentrera précisément autour du thème de l'autonomie et de l'unité de cette strate populaire. Francesco Benigno les a passées en revue dans une contribution datant d'il y a quelques années qui s'ouvre sur le compte-rendu paru en 1976 qu'Alberto Tenenti a fait des *Batailles nocturnes*, dans lequel il énonce un argument qui, par la suite, sera repris diversement par de nombreux auteurs. Voici l'argument de Tenenti : inquisiteurs et *benandanti*, dominants et subalternes, font partie d'un même univers culturel, d'un « monde unique et vaste de croyances, […] communes, internes à l'horizon défini par un patrimoine magico-religieux suffisamment homogène »[23]. Autrement dit, la lutte de classe n'est pas un bon point de départ pour comprendre les dynamiques de la diffusion culturelle, et surtout, elle ne peut pas conduire à esquisser deux mondes culturels nettement distincts et incommunicables. Cela se relie à une imputation formulée à plusieurs reprises contre Ginzburg, celle d'avoir cédé en quelque sorte au mythe (frazerien, encore une fois, transmis ensuite par Propp et Bakhtine) d'une strate pré-chrétienne de la culture populaire qui aurait persisté, liée aux « cultes de la végétation », connectés à leur tour à l'existence matérielle des classes paysannes. Mais en est-il vraiment ainsi ?

## La Bible et les chamans

Nous retrouvons une reprise récente de cette thématique dans le long essai de l'historien des religions Gaetano Lettieri, lequel formule, dans le cadre d'un hommage rendu au *Sabbat des sorcières*[24], une critique radicale de l'ouvrage de Ginzburg. Lettieri fait le constat de l'absence presque totale, dans le travail de Ginzburg, de la Bible, à savoir du texte qui a exercé, plus de tout autre, son influence culturelle sur l'Europe moderne, et notamment – par la médiation de l'Église bien évidemment – sur les classes populaires. Cet argument n'est pas nouveau : il avait été formulé par d'autres critiques de Ginzburg[25]. Toutefois, Lettieri a le mérite de le développer de manière détaillée et systématique, en

---

22. C. Ginzburg, *Le fromage et les vers. L'univers d'un meunier du XVIᵉ siècle, op. cit.*, p. 14.

23. F. Benigno, « Cultura popolare », *op. cit.*, p. 94.

24. G. Lettieri, « La strega rimossa. L'immaginario apocalittico e messianico al margine di *Storia notturna* », in C. Presezzi (dir.), *Streghe, sciamani, visionari. In margine a* Storia notturna *di Carlo Ginzburg, op. cit.*, p. 85 sq.

25. À commencer par Dominique La Capra, dans un compte rendu devenu célèbre du *Fromage et les vers* : D. La Capra, *History and Criticism*, Ithaca-London, Cornell University Press, 1985, p. 53.

proposant un renversement intégral de la perspective de Ginzburg, et une lecture « biblique » d'une grande partie de la documentation qui constitue *Le sabbat des sorcières*. En synthèse, ce qui d'après Ginzburg est une couche profonde, enracinée vers le bas, correspondant à un imaginaire chamanique indo-européen qui s'est solidifiée en demeurant très active dans le monde paysan, paraît à Lettieri comme le produit d'un maniement hégémonique de l'imaginaire populaire dont la matière première sont les grandes figures bibliques du mal – la sorcière et le pacte avec le diable au premier chef. Par là, les mêmes thèmes et les mêmes motifs – *i benandanti*, le loup-garou de Livonie, les dames de la forêt et des animaux comme « *Richella dalla mano irsuta* »[26] – nous apparaissent tantôt comme des figures bénéfiques, proches du peuple, les témoins émouvants d'une résistance anti-hégémonique ; tantôt comme des incarnations menaçantes du mal, les créations du diable et de ses acolytes déformées par la vision dichotomique imposée par la culture chrétienne dominante. Néanmoins, à la fin de son essai, Lettieri rend hommage à « ce chef-d'œuvre de l'historiographie contemporaine » : il ne s'agit pas d'une déclaration conventionnelle qui viendrait amadouer la cible des critiques implacables. C'est un hommage bien réel, mais situé au niveau *esthétique* (« une nébuleuse d'histoire que la baguette magique de la comparaison fait entrer en résonance ») et *éthique* (« un témoignage superbe du respect envers les morts, les vaincus, les victimes de l'histoire »[27]). L'exclusion de la Bible qui rendrait l'ouvrage de Ginzburg une sorte de « lipogramme historiographique », au sens des exercices de style de Perec ou Queneau, serait provoquée par le fait de « considérer ce livre-là [la Bible] comme un texte violent, intolérant et pour trop d'aspects homicide […] où se retrouvent à l'état latent la persécution des juifs et le déploiement du pouvoir de l'Inquisition […] Un livre ensorcelé qu'il est mieux de garder hors de son chemin »[28]. Même s'il comprend les raisons éthiques, ou peut-être précisément parce qu'il les comprend, Lettieri considère comme absolument antihistorique l'interprétation proposée par le livre. C'est à ce moment-là que nous retrouvons le thème de la culture populaire. Lettieri écrit que l'évident refoulement de la Bible dépend d'une « pré-compréhension idéologique, d'une confiance toute gramscienne dans la capacité de résistance culturelle des classes subalternes »[29]. Ou encore, il attribue à Ginzburg la « prétention à avoir saisi une strate folklorique pure, intacte, imperméable à tout stéréotype dominant », et la « reconstruction toute blanche de la strate folklorico-chamanique, dépurée des formations historiques secondaires opérées par les inquisiteurs « démonisants », et donc ressaisie comme naturelle, naïve, douce et identifiée finalement avec le substrat pastoral victimaire et inoffensif d'un monde naturel agraire et pastoral harmonieux »[30].

26. A. Annese, « Hirsuta manu percutitur foedus. "Sfiorare" *Storia notturna* a partire dal *Sermo CCLXXI* di Cusano », *in* C. Presezzi (dir.), *Streghe, sciamani, visionari. In margine a Storia notturna di Carlo Ginzburg*, *op. cit.*, p. 219-40.

27. G. Lettieri, « La strega rimossa. L'immaginario apocalittico e messianico al margine di *Storia notturna* », *op. cit.*, p. 152.

28. *Ibid.*, p. 151.

29. *Ibid.*, p. 93.

30. *Ibid.*, p. 95.

Or, je trouve convaincante la critique de Lettieri à cette idée d'un folklore à l'état pur qui se laisserait ressaisir en deçà de toute déformation opérée par la culture hégémonique. Mais je ne crois pas pour autant qu'une conception si naïve puisse être attribuée à Ginzburg : et cela précisément en vertu de l'influence que Gramsci et De Martino ont exercée sur sa conception du folklore et de la culture populaire. Je rappelle en effet que chez Gramsci il n'y a aucune confiance dans la capacité de « résistance » culturelle des classes subalternes, au sens de la production et du maintien d'une culture autonome qui pourrait leur être attribuée. C'est d'ailleurs sur ce point que Gramsci fonde sa critique du concept même de folklore, compris comme un domaine autonome, renfermé et séparé, qu'il serait possible d'étudier en faisant abstraction de la culture hégémonique, et où il serait possible de reconnaître le noyau d'une possible contestation de classe. Et De Martino, au moins sur ce point, est demeuré fidèle à Gramsci. S'il est vrai que pendant un certain laps de temps il a caressé l'idée d'un « folklore progressif », c'est-à-dire l'idée que les classes subalternes auraient pu utiliser leur patrimoine folklorique afin de contester le « pouvoir », il décidera par la suite de l'abandonner. Dans ses recherches sur la culture magico-religieuse des paysans pauvres d'Italie du Sud, il n'y a aucune idéalisation d'un folklore authentique, et encore moins une exaltation du caractère alternatif de la culture populaire dans son rapport à la culture dominante. Certes, la magie y apparaît comme un instrument de protection ou une thérapie existentielle, mais certainement pas comme une forme de résistance déjà politique – au contraire, il s'agit de la dépasser sur le chemin de l'émancipation historique. En attribuant à la culture populaire un caractère « alternatif », comme je l'ai déjà mentionné, nous tombons dans l'équivoque de certains héritiers de De Martino, situés à l'intérieur d'un paysage politique et philosophique tout à fait différent : celui des années 1960, du movimentisme et de la contreculture, de la critique de la culture de masse formulée par l'École de Francfort. Certes, Ginzburg a été influencé par ce climat idéologique, mais, il me semble, il est resté toujours très attentif au noyau central de la position de Gramsci : l'idée que les catégories d'hégémonie et de subalterne ne définissent pas deux mondes culturels séparés, mais qu'elles doivent plutôt être lues dans les termes d'une ligne de césure changeante, qui se modifie à l'intérieur de contextes historiques différents, en produisant sans cesse des nouveaux enchevêtrements et des nouvelles formations de compromis. Dans *Les batailles nocturnes*, et surtout dans *Le fromage et les vers*, les formations de compromis sont évidentes. Un folklore à l'état pur ne peut jamais être repéré. La culture dominante, pour sa part, n'est pas seulement une culture oppressive s'incarnant dans les institutions, mais aussi la culture qui a modelé des subjectivités populaires (alphabétisées, sans faire partie pour autant de la classe intellectuelle, comme c'est le cas pour Menocchio), douées toutefois d'une marge d'irréductibilité, de quelque chose qui ne peut pas être complètement résorbé par le projet hégémonique. Si cela est vrai, une vision romantique du folklore ne peut pas non plus être attribuée au *Sabbat des sorcières*, tout tendu à « redécouvrir fragments historiques reculés, rachetés de leur marginalité violente »[31]. L'opération historiographique

---

■ 31. G. Lettieri, « La strega rimossa. L'immaginario apocalittico e messianico al margine di *Storia notturna* », *op. cit.*, p. 101.

du livre vise plutôt à identifier des enchevêtrements historiques complexes de différents niveaux, sans présupposer toutefois une capacité totalisante de la culture hégémonique, à savoir son pouvoir de déterminer intégralement l'imaginaire et les subjectivités populaires. À la fin de la postface aux *Batailles nocturnes*, d'où je suis parti, Ginzburg se confronte explicitement avec les critiques de Lettieri et soutient ne croire aucunement à « l'autonomie et la pureté de la tradition chamanico-folklorique »[32]. Ce qui l'intéresse ce sont plutôt les filtres et les relations tortueuses assurant la circulation, l'échange, les (més)interprétations qui agissent entre les niveaux de la société et de la culture. Cela revient à dire que, même une fois constaté que la Bible a eu une grande diffusion dans les classes subalternes, il reste encore à étudier la manière dont ces dernières l'ont lue et assimilée, en produisant à partir du texte une série de significations supplémentaires qui ne coïncident pas intégralement avec les intentions pédagogiques dominantes.

En définitive, les positions de Ginzburg et de Lettieri ne sont pas si divergentes : les critiques de ce dernier sont partageables, mais elles pourraient viser moins Ginzburg que les approches nommées, dans les années 1970, par Ginzburg « foucaldiennes » et qui s'autoproclament aujourd'hui « critiques ». Ces approches absolutisent la dichotomie entre le plan hégémonique et le plan subalterne, en reconnaissant, dans le premier, l'expression maléfique d'un pouvoir colonisateur, acculturant et violent, qui contamine les expressions mêmes de la rationalité, de la science, de la démocratie et, dans le second, une altérité irréductible, victimisée, mais résistante de manière oblique[33]. Il me semble clair que l'œuvre de Ginzburg s'oppose par tous les moyens possibles à une vision totalisante de l'histoire, dépourvue de toute zone grise et bâtie, d'une part, par un empire du mal écrasant et, d'autre part, par des subjectivités subalternes incommensurables qui en sont les victimes passives. Parler de culture populaire, et dans le domaine de l'histoire et dans celui d'une ethnographie du contemporain, revient plutôt à mettre en valeur les modalités toujours imparfaites par lesquelles une hégémonie s'affirme, laissant en même temps de l'espace, non pas à des marges de folklore à l'état pur ou de résistance, mais plutôt à des processus d'hybridation constante et de production de différences nouvelles. Les perspectives de Ginzburg et de Lettieri, précisément dans la mesure où les deux s'ouvrent à partir d'angles symétriquement opposés, contribuent à illuminer un terrain intermédiaire, de rencontre et d'affrontement entre des niveaux culturels différents (du haut et du bas), et les dispositifs d'interface qui en assurent la communication.

**Fabio Dei**
Université de Pise
Traduit de l'italien par Maririta Guerbo

32. C. Ginzburg, « I benandanti. Cinquant'anni dopo », *op. cit.*, p. 297.
33. On peut remarquer que la figure du chaman fait son retour aujourd'hui pour représenter cette altérité radicale, d'un point de vue décolonial, à l'intérieur de l'approche anthropologique s'autodéfinissant « tournant ontologique ».

# Ginzburg et les croyances

## LE PAYSAGE DANS LE VISAGE
## L'épistémologie concrète de Carlo Ginzburg et le cas d'Ernesto De Martino

Maririta Guerbo

L'influence exercée sur Carlo Ginzburg par le fondateur de l'anthropologie religieuse italienne, Ernesto De Martino, a souvent été mise en avant par l'auteur du *Fromage et les vers* (1976). Si l'intérêt de Ginzburg pour De Martino ne peut pas être entièrement réduit au socle commun du gramscisme, il est bien animé par les prolongements inattendus des problèmes soulevés par l'étude de la culture populaire. L'œuvre et l'homme intéressent l'historien italien : le De Martino de Ginzburg dévoile aux philosophes les esquisses d'une anthropologie philosophique de l'homme dans l'histoire et leur propose de poursuivre un projet passionnant, celui d'une épistémologie concrète de l'invention conceptuelle.

### De l'ethnologie du proche à l'épistémologie, en passant par la microhistoire

Dans tous ses écrits autobiographiques, Carlo Ginzburg n'a pas manqué de relever sa dette intellectuelle à l'égard d'Ernesto De Martino (1908-1965)[1], fondateur de l'anthropologie religieuse italienne et grand penseur du

---

[1]. Quelques mots sur De Martino d'abord : figure tutélaire de l'anthropologie religieuse italienne et, plus généralement, intellectuel important pour l'ensemble des sciences humaines dans la péninsule. Né à Naples en 1908, il y étudie la philosophie, puis l'histoire des religions, avec un mémoire sur un aspect rituel mineur des mystères d'Eleusis. Il compose des pamphlets sur une religion civile, influencée d'abord par le fascisme, puis par la religion de la liberté de Benedetto Croce. En 1943-1945, il participe à la résistance sur la très dangereuse ligne gothique (sur la période de la Résistance en Romagne, le lecteur français peut désormais se référer à R. Ciavolella, *L'ethnologue et le peuple. Ernesto De Martino entre fin du monde et Résistance (1943-1945)*, Milan-Paris, Mimésis, 2020). En 1953, De Martino adhère au Parti Communiste Italien. Il fait son premier terrain en 1952 dans le Sud de l'Italie, en Lucanie ; d'autres suivront, jusqu'en 1959, couronnés par la publication de trois monographies : *Mort et pleurs rituels* (1958), *Italie du Sud et magie* (1959), *La terre du remords* (1961). Il mourra à Rome en 1965 en laissant derrière lui un dossier impressionnant qui

fait religieux, auquel il a consacré des contributions fondamentales[2]. Nous passerons en revue ces déclarations, afin de rendre explicite le lien qui s'est noué en Italie entre histoire et anthropologie, dont un des aboutissements est précisément la fondation de la microhistoire, et de montrer en quoi ce lien devrait intéresser la philosophie.

Entre la fin des années 1950 et le début des années 1960, l'alliance de l'histoire et de l'anthropologie s'est bâtie en Italie sur le fond d'influences communes délimitant les contours du champ intellectuel et politique de l'après-guerre : de la pensée de Benedetto Croce à celle d'Antonio Gramsci, en passant par les œuvres littéraires de Carlo Levi et de Cesare Pavese. Dans le premier moment de notre contribution, nous replacerons la rencontre de Ginzburg et De Martino au sein de son contexte historique et théorique. Nous procéderons notamment à l'explicitation des problématiques que l'emploi de la « boîte à outils » gramscienne rendait, à cette époque, urgentes, dont la question de la culture populaire. Dans le deuxième moment, plus théorique, nous suivrons les différents visages que l'influence de De Martino prend dans l'évolution de l'œuvre de Ginzburg, un moment charnière étant le débat autour de la toute première édition de l'ouvrage posthume de De Martino, *La fin du monde* (1977)[3].

Cette deuxième réception de De Martino par Ginzburg, qui continue par ailleurs à être féconde[4], implique deux choix théoriques importants pour les développements plus philosophiques de notre discours : d'une part, le choix fort et assumé à plusieurs reprises par l'historien de considérer l'ethnologue napolitain comme un philosophe ; d'autre part, un renversement de perspective qui transforme la pensée de De Martino : d'atout méthodologique fondamental, celle-ci devient l'objet même de l'enquête historienne[5]. Les contributions de Ginzburg à une histoire de la formation des concepts demartiniens témoignent de manière exemplaire du lien qu'une épistémologie concrète, c'est-à-dire attentive à la diachronie (au choix des cas et aux archives), pourrait nouer avec la méthode microhistorique.

devait composer son ouvrage sur les apocalypses culturelles. Publiée à titre posthume en 1977, *La fin du monde* a fait l'objet d'une nouvelle édition critique publiée en France en 2016 par les éditions de l'EHESS. La réception de De Martino en France continue à donner des fruits, jusqu'à aujourd'hui : avec la parution, en février 2022, de la nouvelle traduction du *Monde magique*, préfacée, établie et traduite par Giordana Charuty (Paris, Bartillat) et de la première traduction française de *Mort et pleurs rituels*, éditée, traduite et annotée sous la direction de Marcello Massenzio (Paris, Éditions de l'EHESS, 2022).

■ 2. C. Ginzburg, « Momigliano e De Martino », *Rivista storica italiana* 100, 1988, p. 400-413 ; C. Ginzburg, « De Martino, Gentile, Croce. Su una pagina di *Il mondo magico* », *La ricerca folklorica* 67-68, 2013, p. 13-20 ; C. Ginzburg, « Genèses de *La fin du monde* de de Martino », trad. fr. C. Joseph, *Gradhiva. Revue d'anthropologie et d'histoire des arts* 23, 2016, p. 194-213. Voir aussi l'entretien : « Nel camminargli accanto. Conversazione con Carlo Ginzburg », in S. De Matteis, *Il leone che cancella con la coda le tracce. L'itinerario intellettuale di Ernesto de Martino*, Napoli, Edizioni di If, 2016, p. 301-313.

■ 3. Il s'agit de la quatrième intervention de la table ronde organisée à l'Institut Cervi de Rome, voir « *La fine del mondo* di Ernesto De Martino », *Quaderni Storici* 40, 1979, p. 238-242.

■ 4. Voir C. Ginzburg, « Verso « La fine del mondo » », in *La lettera uccide*, Milano, Adelphi, 2021.

■ 5. La pensée de De Martino est alors déplacée par Ginzburg du niveau *etic* au niveau *emic* de la recherche. Ginzburg utilise souvent l'*Emic / Etic Distinction* élaborée par le linguiste Kenneth L. Pike (K. L. Pike, *Language in Relation to a Unified Theory of the Structure of Human Behavior*, The Hague, Mouton, 1967) pour distinguer les catégories de l'observateur employées en vue de réaliser une description et les catégories internes à la culture observée, qui font l'objet de la description. Voir, C. Ginzburg, « Nos mots et les leurs. Une réflexion sur le métier de l'historien, aujourd'hui », trad. fr. M. Rueff *Essais. Revue interdisciplinaire d'Humanités*, 2013, p. 191-210.

La thèse que nous voudrions soutenir est la suivante : après Domenico Scandella dit Menocchio[6], le De Martino de Ginzburg représente le cas d'étude où l'historien italien joint de la manière la plus explicite les esquisses d'une anthropologie de l'animal humain dans l'histoire à une nouvelle épistémologie prenant en compte la dimension historique et biographique, on pourrait dire existentielle[7], de l'invention conceptuelle. La création des concepts apparaît alors comme déterminée *aussi* par une série de variables contextuelles en perpétuel mouvement, dans la mesure où elle n'appartient qu'à un homme ou à une femme agissant dans l'histoire.

## L'engagement des intellectuels et la culture du peuple : de Gramsci à la microhistoire

Les premières recherches de Carlo Ginzburg ont leurs racines dans certains des plus grands ouvrages de l'après-guerre italien et dans le contexte politique de leur production. L'émergence de la culture populaire comme thème majeur des travaux en sciences humaines et sociales doit être comprise à partir des modalités propres à la répression fasciste des opposants politiques, et notamment à l'expérience du *confino*, l'isolement et la résidence surveillée dans les îles ou dans les régions les plus reculées de la péninsule. L'éloignement forcé de la ville permet en effet la rencontre entre des intellectuels militants citadins et les paysans des campagnes méridionales. La rencontre de ces deux mondes si éloignés, dont la seule condition de possibilité avait été la contingence de la répression fasciste, devient l'occasion d'une réflexion inédite. Il suffit de confronter à ce propos l'essai laissé inachevé par Gramsci à cause de l'emprisonnement, *Quelques thèmes de la question méridionale* (*Alcuni temi della questione meridionale*[8]), avec les lettres envoyées par le dirigeant communiste de l'île d'Ustica dont les habitants font l'objet d'une observation presque ethnographique[9].

L'œuvre la plus emblématique à cet égard est sans doute *Le Christ s'est arrêté à Eboli* de Carlo Levi : l'œuvre paraît en 1945 chez Einaudi[10] et reste très présente dans la culture italienne jusqu'à devenir en 1979 un film de Francesco Rosi avec Gian Maria Volonte dans le rôle de Levi, artiste et médecin *confinato*. C'est précisément l'ouvrage de Carlo Levi qui inspire le premier terrain d'Ernesto De Martino en 1952. L'ethnologue s'en sert comme d'une véritable carte guidant ses déplacements en Lucanie (l'actuelle Basilicate) et le lecteur retrouve les villages décrits par Levi : Gagliano et Aliano, mais aussi Pisticci, Grottole, Stigliano et Viggiano.

6. Le meunier protagoniste de l'œuvre la plus célèbre de l'historien italien : C. Ginzburg, *Le fromage et les vers. L'univers d'un meunier du XVIe siècle*, trad. fr. M. Aymard, Paris, Flammarion, 1980.

7. F. Fruteau, « Comment pense un meunier. L'apport de la microhistoire à une épistémologie élargie », *infra*, p. 43-45.

8. Dans A. Gramsci, *La questione meridionale*, Roma, Editori Riuniti, 1966, p. 131-160. L'essai, laissé inachevé à cause de l'emprisonnement, sera publié à Paris en 1930 par la revue *Stato operaio*. Voir « Quelques thèmes de la question méridionale » (1926), dans A. Gramsci, *Écrits politiques*, vol. 3, trad. fr. M.-G. Martin-Gistucci, G. Moget, R. Paris et A. Tassi, Paris, Gallimard, 1980, p. 329-356.

9. Il faudra se référer désormais à la nouvelle édition critique : A. Gramsci, *Lettere*, Torino, Einaudi, 2021, p. 19-60.

10. C. Levi, *Cristo si è fermato a Eboli*, Torino, Einaudi, 1945. Depuis 1994, l'édition italienne est précédée par la préface de Jean-Paul Sartre, *L'universel singulier*, un texte traduit en italien pour la première fois dans le numéro dédié à Levi de la revue *Galleria* : J.-P. Sartre, « L'universel singulier », *Galleria* XVII, n° 3-6, 1967, p. 257.

Entre 1949 et 1954, De Martino publie une dizaine d'articles dans la revue marxiste et proche du Parti Communiste Italien *Società* [Société] qui était publiée à l'époque (de 1950 à 1956) par Einaudi, la maison d'édition turinoise où De Martino collaborait avec Cesare Pavese aux publications de la collection violette et où travaillait aussi la mère de Carlo Ginzburg, l'écrivaine Natalia Ginzburg. Dans le premier article paru pour cette revue, *Intorno a una storia del mondo popolare subalterno* [Autour d'une histoire du monde populaire subalterne], De Martino reconstruit de toutes pièces une relecture engagée de ses ouvrages précédents et dessine un véritable manifeste programmatique pour les enquêtes de terrain qui composeront ses trois ouvrages sur les rituels méridionaux[11].

La lecture du *Christ s'est arrêté à Eboli* est présentée par l'ethnologue comme une épiphanie décisive pour la formulation du projet d'une ethnologie du proche. De Martino cite notamment le cas d'un vieil homme de Gagliano, ancien charmeur de loups et fossoyeur. Isolé de la communauté villageoise, cet homme expérimente un jour la même fatigue et la même prostration, les mêmes visions et le même dépassement du premier état d'angoisse par le dialogue avec les esprits, en somme les mêmes étapes d'une expérience que De Martino avait analysée dans *Le monde magique* en en faisant la matrice même d'une ambitieuse théorie de la culture. La lecture de l'expérience du *confinato* aurait poussé De Martino vers l'ethnologie du proche. Mais pourquoi cette ethnologie serait-elle chargée d'une valeur politique ?

Dans *Le monde magique*, De Martino élabore une théorie de la culture et de l'histoire dont les rituels magiques sont les pivots. Les rituels y sont compris comme un ensemble de techniques qui remplissent une fonction fondamentale : s'opposer à l'effondrement du sujet, à ce que De Martino nomme la présence en crise [*crisi della presenza*]. Mais si, dans le premier chef-d'œuvre, l'état de crise était le point de départ de l'analyse, dans l'article de 1949, il apparaît plutôt comme quelque chose dont il faut aussi rendre compte : le produit de l'exploitation de l'homme par l'homme. L'étude des rituels, terme qui doit toujours être considéré dans sa pluralité, se trouve alors motivée par une justification politique forte : comment peut-on intégrer dans une pensée de l'histoire l'action de toutes celles et ceux qui semblent être privés de leur puissance d'agir et, par là, de faire l'histoire ? C'est à l'étude des rituels que De Martino confie la tâche de témoigner de la capacité d'action des subalternes, comme il les appelle en suivant Gramsci, dans la mesure où c'est précisément par les rituels que les classes populaires paysannes parviennent à maîtriser des conditions de vie défavorables et, ainsi, à faire l'histoire.

Le programme se concrétise à la fin de la décennie dans *Italie du Sud et magie* (1959) : dès le premier chapitre de l'ouvrage, De Martino circonscrit l'élément pivot de la magie lucanienne, le thème de la fascination [*fascinazione*], c'est-à-dire l'ensemble des influences malignes qui, de l'extérieur, agissent

■ 11. « *Le Monde magique* (seulement après cela m'est devenu clair) ne fut qu'une contemplation, sur le plan mondial, de l'obscure angoisse théogonique éternellement imminente dans le regard des citoyens pauvres des Pouilles, une contemplation qui veut autant que possible être pure, c'est-à-dire universelle et objective, mais qui justement pour cela renforça en moi l'engagement pratique de militant de la classe ouvrière ». E. De Martino, « Intorno ad una storia del mondo popolare subalterno », *Società* V, 3, 1949, p. 434. Nous traduisons.

sur la conscience et les actes d'un individu, et les pratiques quotidiennes élaborées pour la déjouer. La fascination, comprise comme une formation culturelle qui détermine à la fois des dangers et des techniques de protection, permet alors une première forme (symbolique) de maîtrise sur la sensation envahissante d'être agi de l'extérieur. Ce qui est objectivé, codifié rituellement, et finalement stabilisé, est le fait même d'être sous condition de dépendance, l'« être-dominé-par », en tant que condition historique[12].

En 1949, donc dix ans avant la publication d'*Italie du Sud et magie*, l'ethnologue présente son programme de travail comme l'application directe d'une leçon gramscienne pouvant être résumée de la manière suivante : le combat qu'une culture communiste doit mener est d'abord un combat de *visibilisation*. La culture hégémonique ne cache pas les phénomènes, elle les rend tout simplement peu intéressants, voire peu importants. La distinction conceptuelle qu'il faut garder à l'esprit pour bien comprendre le programme de Gramsci est celle qui sépare le recouvrement d'un fait de sa marginalisation[13]. L'ethnologie du proche s'occupera précisément de rendre visibles ces marges.

Au début des années 1950, De Martino subsume, sous une nouvelle théorie de l'action historique, des phénomènes de répétition qui n'avaient jamais été mis en avant par la philosophie politique moderne : la capacité d'action des subalternes n'est plus conçue de manière ponctuelle, instantanée, à partir de l'événement par lequel les exploités font éclater l'histoire de leur exploitation, à savoir le soulèvement révolutionnaire. Au contraire, la temporalité qui intéresse l'ethnologue est déployée sur la longue, voire très longue durée. Ce qui est prouvé d'ailleurs par un constat : cette temporalité a toujours été prise en compte par l'histoire des mentalités, à savoir par une histoire de la culture presque naturalisée, en tout cas neutralisée en son potentiel émancipateur. Inversement, il faudra considérer les rituels comme porteurs d'une valeur *historique et politique* décisive. Car, par la répétition des mêmes gestes, des mêmes formules, des mêmes histoires mythiques, les rituels préservent l'individu et la communauté du risque le plus dangereux, celui de leur éparpillement. La répétition n'est pas simplement conservatrice sur le plan de l'émancipation des paysans : au folklore régressif qui maintient les masses dans leur état d'assujettissement s'oppose, dans la réflexion demartinienne du début des années 1950, le concept de folklore progressif que l'intellectuel organique a la mission de mettre en valeur[14].

C'est donc sous la double égide de Carlo Levi et d'Antonio Gramsci que De Martino présente aux lecteurs de *Società* les potentialités politiques de

---

12. « Les cadres fondamentaux de la magie lucanienne sont donnés pas les thèmes de la force magique, de la fascination, de la possession, de la sorcellerie et de l'exorcisme [...] Le risque de crise qu'un tel horizon arrête et auquel il confère une figuration traditionnelle est l'expérience "d'être-dominé-par" ». E. De Martino, *Italie du Sud et magie*, trad. fr. Cl. Poncet, Paris, Gallimard, 1963, p. 115.

13. Dans une conférence sur l'actualité de la pensée d'Antonio Gramsci qui s'est tenue en mai 2021 à Buenos Aires, le juriste et philosophe politique Antonio Spanò a mis en exergue cet élément de la pensée gramscienne, pour le distinguer de la pensée des trois « maîtres du soupçon », Marx, Nietzsche et Freud.

14. E. De Martino, « Il folklore progressivo », *L'Unità*, 26 giugno 1951, p. 3 et « Il folklore progressivo emiliano », *Emilia* 3, 1951, p. 251-254. Sur la reconstruction de la genèse de ce concept, voir S. Cannarsa, « Genesi del concetto di folklore progressivo. Ernesto De Martino e l'etnografia sovietica », *La Ricerca Folklorica* 25, 1992, p. 81-87.

ses terrains dans le Sud de l'Italie[15]. Levi, Gramsci et De Martino sont à leur tour présentés par Carlo Ginzburg comme la triade tutélaire de ses premières recherches. Ce sont les articles de De Martino parus dans *Società*, avec *Le Christ s'est arrêté à Eboli* et les *Cahiers* gramsciens, qui vont motiver la toute première campagne d'archives du jeune historien[16]. De cette première recherche témoigne l'article de 1961, *Sorcellerie et pitié populaire*[17], dans lequel Ginzburg analyse le procès de Chiara Signorini, une métayère accusée d'avoir ensorcelé l'ancienne patronne qui l'avait chassée de sa propriété. Dans la même année 1961, Ginzburg rencontre De Martino qui se montre intéressé par les recherches du jeune historien et ce dernier écrit à son tour un compte-rendu du grand ouvrage de De Martino sur le tarantisme dans le Salento, *La terre du remords*[18].

> La force de [ses] concepts s'ancre dans une expérience vécue à la première personne.

Néanmoins, le premier ouvrage de Ginzburg, *Les batailles nocturnes*, ne paraît que l'année suivant la mort de De Martino, en 1966. En un sens, la rencontre réelle entre les deux hommes ne restitue pas la profondeur des liens unissant les deux œuvres.

La thèse que l'article de 1961 sur la sorcellerie et la pitié populaire semble parvenir à démontrer est celle du potentiel révolutionnaire de la sorcellerie, une thèse proche de l'ethnologie demartinienne des années 1950, et que Ginzburg ne manquera pas de définir par la suite comme très naïve. Néanmoins, l'influence exercée sur Ginzburg par De Martino agit en profondeur et nourrit les recherches menées sur les deux dossiers des *benandanti* et de Menocchio. D'une part, la richesse du dossier constitué par les procès des *benandanti* montre que la sorcellerie ne peut pas être interprétée au seul prisme des attentes de l'intellectuel engagé, c'est-à-dire à partir de son prétendu potentiel révolutionnaire. C'est sur ce point que Ginzburg reviendra à l'influence majeure du *Monde magique*, par-delà la production demartinienne des années 1950. Nous ne manquerons pas d'y revenir nous-même dans notre dernière partie. D'autre part, *Les batailles nocturnes* et *Le fromage et les vers* proposent une vision complexe et métabolique du lien qui unit culture populaire et culture

---

■ 15. Dans l'introduction à la dernière édition de *Sud e magia*, Fabio Dei et Antonio Fanelli soulignent la tension théorique qui oppose ces deux influences chez De Martino. Si l'œuvre de Carlo Levi avait contribué à la réouverture de la question méridionale en Italie et servi à De Martino comme une véritable carte et un texte ethnographique où puiser des matériaux, ses descriptions d'un monde situé « au-delà de l'histoire » allaient à l'encontre du programme gramscien de réintégration de la culture subalterne dans l'histoire. E. De Martino, *Sud e magia*, Roma, Donzelli Editore, 2015, p. XXVI.

■ 16. À cela, il faut ajouter l'expérience du *confino* et de la persécution vécue par la famille de Carlo Ginzburg : l'historien italien a souligné à plusieurs reprises le rôle déterminant, conscient et inconscient, que son expérience du *confino* dans un petit village des Abruzzes a eu pour la suite de ses recherches. Voir aussi C. Ginzburg, *Les batailles nocturnes. Sorcellerie et rituels agraires en Frioul, XVIe-XVIIe siècle* [1966], trad. fr. G. Charuty, suivi d'un entretien entre G. Charuty, D. Fabre et C. Ginzburg, Lagrasse, Verdier, 1980, p. 227, et « Les introuvables des *Cahiers* », *infra*, p. 97. Levi était aussi un ami du père de Ginzburg, Leone Ginzburg, grand intellectuel antifasciste torturé à mort par la Gestapo dans les prisons romaines de Regina Coeli. Voir L. Ginzburg, *Scritti*, Torino, Einaudi, 2000.

■ 17. C. Ginzburg, « Stregoneria e pietà popolare. Note a proposito di un processo modenese del 1519 », *Annali della Scuola Normale Superiore di Pisa* II, XXX (1961), p. 269-287. Aujourd'hui dans C. Ginzburg, *Mythes emblèmes traces. Morphologie et histoire*, trad. fr. M. Rueff, Lagrasse, Verdier, 2010.

■ 18. C. Ginzburg, « Recensione a Ernesto De Martino, *La terra del rimorso*, Milano, il Saggiatore, 1961 », in *Il centro sociale* 51-52 (1963), pages non numérotées.

savante, par-delà le débat italien sur l'autonomie de la culture populaire qui occupe les anthropologues dans les années 1970. C'est cette conception complexe que nous voudrions approfondir dans notre prochaine partie par la prise en compte de la notion de « formation culturelle de compromis », l'exposition de sa genèse et l'explicitation des enjeux qui sont les siens.

## Les dédales de la culture populaire : des formations de compromis à l'ego-histoire

Comme Gramsci l'avait bien remarqué, l'historien de la culture subalterne ne retrouve jamais cette culture à l'état pur, dans la mesure où celle-ci se présente de manière « nécessairement fragmentée et épisodique »[19]. Ginzburg tire grand profit de cette leçon gramscienne. La primauté des échanges sur l'isolement est le caractère fondamental de ce que Ginzburg continue à nommer, faute d'un terme plus approprié, la culture populaire[20].

Chaque monographie de Ginzburg montre que, dans l'histoire des hommes et des femmes, il n'y a que des représentations culturelles déformées par la rencontre avec ce qui diffère d'elles. Même la cosmologie très originelle de Menocchio ne peut être comprise que comme l'enchevêtrement d'éléments provenant de la culture populaire et de la culture savante. L'historien doit repérer ces éléments, en gardant à l'esprit que seule la mise en système, c'est-à-dire l'effort déformant du meunier, est originelle[21]. On pourrait presque parler d'une « cuisine » de la culture populaire dans laquelle les ingrédients restent les mêmes, cependant que les recettes changent. Et cela vaut aussi pour l'histoire des *benandanti* frioulans qui déploie, quant à elle, chapitre après chapitre, l'aplatissement progressif et inexorable d'une formation mythico-rituelle subalterne sous le moule d'une croyance spécifique à la culture hégémonique des inquisiteurs, le sabbat. Mais la culture hégémonique non plus n'est pas imperméable. Vingt ans après *Les batailles nocturnes*, c'est le stéréotype savant du sabbat qui est décrit à son tour comme une fusion : la greffe d'une image hostile et relativement récente (la croyance en un complot des lépreux puis des Juifs, un peu après 1350) sur une strate beaucoup plus ancienne de la culture populaire, strate qui sera sondée par *Storia notturna*.

C'est pour mieux rendre compte de ce caractère composite que Ginzburg utilise, pour la première fois en 1984, la notion de « formation de compromis »,

---

19. La référence fondamentale, à ce propos, est le deuxième paragraphe du Cahier 25 « Aux marges de l'histoire (Histoire des groupes sociaux subalternes) » : « *Critères méthodologiques*. L'histoire des groupes sociaux subalternes est nécessairement fragmentée et épisodique. Il est hors de doute que, dans l'activité historique de ces groupes, il y a une tendance à l'unification, fût-ce à des niveaux provisoires, mais cette tendance est continuellement brisée par l'initiative des groupes dominants et ne peut donc être démontrée qu'après l'achèvement du cycle historique, si celui-ci se conclut par un succès », A. Gramsci, *Cahiers de prison. Cahiers 19, 20, 21, 22, 23, 24, 25, 26, 27, 28 et 29*, trad. fr. Cl. Perrus et P. Laroche, Paris, Gallimard, 1991, p. 309. Pour un commentaire éclairant de ce passage, voir A. Tosel, *Étudier Gramsci*, Paris, Kimé, 2016, p. 99-102.

20. « Pourtant, on aura aperçu clairement pourquoi, à l'expression de "mentalité collective", il faut préférer celle, à son tour bien plus satisfaisante, de "culture populaire". Même simplifiée, une analyse en termes de classe marque toujours un grand pas en avant par rapport à une analyse "interclasse" », C. Ginzburg, *Le fromage et les vers, op. cit.*, p. 20.

21. Ginzburg revient sur la critique d'une prétendue autonomie de la culture populaire dans ses ouvrages avancée par F. Benigno (*Parole nel tempo. Un lessico per pensare la storia*, Roma, Viella, 2013, p. 79) dans la postface à la dernière édition de *Il formaggio e i vermi*, Milano, Adelphi, 2019, p. 13. Voir F. Dei, « La méthode morphologique et le problème de l'autonomie de la culture populaire chez Carlo Ginzburg », *supra*, p. 17-23.

pour distinguer le sabbat « d'une simple et pure projection de la culture dominante »[22].

Or, s'il y a un concept propre au De Martino méridionaliste qui est encore opératoire chez Ginzburg, c'est certainement celui de formation culturelle ou de coutume de compromis, dont il est question à la fin d'*Italie du Sud et magie*. Le pendant demartinien du sabbat des sorcières est le *jettatore*, hantise des Lumières napolitaines et véritable revers savant de la basse magie lucanienne[23]. Les trois chapitres sur la *jettatura* remplissent dans l'économie du livre de De Martino une double fonction : d'une part, ils intègrent la critique de méthode faite aux études folkloriques italiennes, coupables d'avoir isolé la culture populaire d'une compréhension plus ample des dynamiques historiques[24] ; d'autre part, ils représentent une application inédite, parce qu'intermédiaire, de la théorie demartinienne de la présence en crise[25]. L'ethnologue trace alors le lien entre la documentation ethnographique rassemblée à propos de la *fascinazione* et le vécu aussi bien que l'interprétation du même phénomène formulée par la classe napolitaine qui détient l'hégémonie culturelle, dont font partie notamment certains des plus illustres représentants des Lumières italiennes. « L'antique drame de la sombre fascination »[26] affleure alors à la surface.

L'analogie avec la formation de compromis freudienne est évidente. Mais elle s'accompagne chez De Martino d'une correction fondamentale, bien réfléchie par la suite dans les écrits de Ginzburg : dans les formations culturelles de compromis, le refoulé qui fait son retour n'est pas restreint aux épisodes de la biographie individuelle[27]. Sur ce point, l'enquête menée par l'historien italien sur l'un des cas les plus célèbres de Freud, « l'homme aux loups », prolonge la voie que De Martino avait seulement entrouverte.

En retraçant le socle mythique de la névrose de l'homme aux loups freudien, Ginzburg replace le cas clinique à l'intérieur d'un réseau culturel qui s'étend à perte de vue : le fond de croyances chamaniques retrouvé à rebrousse-poil[28] des procès de l'Inquisition dans le Frioul. Le renversement théorique du rapport instrumental de la psychanalyse au mythe est le même chez les deux auteurs. Il en va de même pour la thèse sous-jacente à ce renversement : l'abîme des

---

22. C. Ginzburg, « Présomptions sur le sabbat », trad. fr. E. Bonan, *Annales. Histoire, Sciences Sociales*, 1984, 39ᵉ année, n° 2, p. 341. En réalité, l'entretien entre Giordana Charuty, Daniel Fabre et Carlo Ginzburg de 1979 que le lecteur des *Cahiers* peut relire ici présente une anticipation importante de cet usage. Voir « Les Introuvables des *Cahiers* », *infra*, p. 100.

23. La figure du *jettatore* décrit plus particulièrement une personne qui, de bonne ou de mauvaise foi, introduit le désordre dans le monde naturel, moral ou social : « l'homme de l'occulte et de l'inconscient qui, au siècle des Lumières, nie toutes les lumières du siècle en incitant à recourir aux amulettes et conjurations », E. De Martino, *Italie du Sud et magie, op. cit.*, p. 199.

24. Sur le débat italien sur le folklore des années 1950, je renvoie à F. Dei, *Cultura popolare in Italia. Da Gramsci all'Unesco*, Bologna, il Mulino, 2018, p. 99-102. *Mutatis mutandis*, la même critique d'isolement de la culture populaire est adressée par Ginzburg à Mandrou, Bollème et Foucault dans le sixième paragraphe de l'introduction au *Fromage et les vers, op. cit*, p. 14-15.

25. Le cas de Ferdinand II d'Aragon est exemplaire : dans les souffrances de la maladie, les plaisanteries cèdent la place au passage en revue fébrile de tous les incidents révélateurs du sort jeté. E. De Martino, *Italie du Sud et magie, op. cit.*, p. 190.

26. *Ibid.*, p. 192

27. E. De Martino, *Scritti minori su religione, marxismo e psicoanalisi*, Roma, Nuove Edizioni Romane, 1993, p. 149.

28. C'est l'expression que Ginzburg reprend à Walter Benjamin. Voir « Sur le concept d'histoire », *Œuvres III*, trad. fr. M. de Gandillac, P. Rusch et R. Rochlitz, Paris, Gallimard, 2000, p. 432-433.

formations culturelles comprend en son sein celui de l'inconscient individuel[29]. L'ethnologie et l'histoire apprennent ainsi à étudier l'individu, jusqu'aux névroses propres à chaque individu, sans tomber pour autant dans le piège biographique. L'ethnologie de De Martino aide la microhistoire à dépasser l'interdit de l'histoire biographique prononcé par Croce[30].

Du point de vue de la théorie, l'aporie soulevée par l'explication individualisante en histoire se doit d'être dissoute. La manière novatrice dont Ginzburg la déjoue est bien connue, dans une trajectoire qui va du cas concret à l'élaboration théorique : de l'histoire d'un seul homme, le meunier Menocchio, jusqu'à la formulation du paradigme indiciaire en 1979[31]. L'histoire et la médecine se trouvent unies à la divination et à la chasse dans un même paradigme épistémologique, afin de rendre compte d'une connaissance de l'individuel qui n'a rien de mystique. Mais l'essai de Ginzburg ouvre en même temps un ordre de problématiques totalement nouveau, car la connaissance historienne ne se contente pas de saisir l'élément individuel, elle veut en rendre compte : si les empreintes digitales sont bien individualisantes, elles ne satisfont pas l'historien.

C'est ainsi que, dans les années 1980, la dialectique entre l'anomalie et les éléments généralisables dont elle résulte prend la place de l'explication individualisante au centre des problématiques épistémologiques de Ginzburg[32]. Une fois le cas remarquable trouvé, le portrait de chaque homme devient, pour emprunter une métaphore de Ginzburg, un tableau de Boccioni « où la route entre dans la maison, le paysage dans le visage, où l'extérieur envahit l'intérieur, où le moi est poreux »[33]. Cela revient à dire que toute singularité se détermine à partir d'éléments généralisables ou, pour utiliser les mots de Ginzburg, que l'exception nous en dit plus que la règle parce qu'elle contient en son sein la règle qu'elle enfreint – en gardant toujours à l'esprit que l'inverse n'est pas valable[34]. Dans la métaphore du portrait de Boccioni, l'exception est

29. « Pour Freud la théorie des névroses sert à comprendre le mythe, pour Jung c'est l'inverse. L'imprécision et le manque de rigueur de Jung firent échouer un projet qui, sur ce point, était potentiellement plus fécond que celui de Freud [...] Les réponses données par Jung au problème du mythe constituent en définitive une grande occasion manquée », C. Ginzburg, « Freud, l'homme aux loups », dans C. Ginzburg, Mythes emblèmes traces. Morphologie et histoire, op. cit., p. 349. Cela nous renvoie à une très belle remarque de Jervis, le psychiatre qui avait accompagné De Martino dans les Pouilles. À propos de l'attitude heuristique de l'ethnologue, il affirme : « s'il ne cherchait pas la névrose dans le rite, il cherchait le rite dans la névrose », G. Jervis, « Alcune intuizioni psicologiche », La Ricerca Folklorica 13, 1986, p. 66. Nous traduisons.

30. « La biographie elle-même, la biographie sérieuse, la grande biographie, quand elle devient histoire, est idéalisée et coïncide avec l'histoire de l'œuvre dont l'individu n'était que le représentant et le symbole ». B. Croce, Filosofia e storiografia, Napoli, Bibliopolis, 2005, p. 118. Nous traduisons.

31. Une première version de l'essai paraît en 1978 dans la Rivista di storia contemporanea, avec un titre légèrement différent : Traces. Racines d'un paradigme scientifique. Sur ce premier titre pèse l'influence de Thomas Kuhn, mais aussi de la discussion avec le philologue Sebastiano Timpanaro, voir « Correspondance autour de Freud (1971-1995) Carlo Ginzburg – Sebastiano Timpanaro », Incidence 15, Philosophie, littérature, sciences humaines et sociales, Printemps 2020, p. 305-350.

32. « Identifier un individu par ses seules empreintes digitales n'est licite que dans une optique policière. L'historien doit partir de l'hypothèse que chez tout individu quel qu'il soit, et même le plus anomal (et peut-être tout individu l'est-il, ou du moins peut-il apparaître comme tel) coexistent des éléments plus ou moins généralisables », C. Ginzburg, « Réflexions sur une hypothèse vingt-cinq ans après », dans C. Ginzburg, Mythes emblèmes traces. Morphologie et histoire, op. cit., p. 360.

33. C. Ginzburg, « Microhistoire : deux ou trois choses que je sais d'elle… », dans Le fil et les traces. Vrai faux fictif, trad. fr. M. Rueff, Lagrasse, Verdier, 2010, p. 403.

34. Cette thèse de Ginzburg est critiquée par Parry Anderson dans un compte-rendu à Le fil et les traces. Vrai faux fictif : P. Anderson, « The Force of the Anomaly », London Review of Books 34, 8, 26 avril 2012,

le visage, reconnaissable dans son identité individuelle ; mais les traits de ce visage se confondent en réalité avec les éléments du paysage, ou mieux ils se trouvent définis par ces mêmes éléments : l'extérieur envahit l'intérieur, mais en même temps il le constitue essentiellement. Le problème de l'identité ne se pose pas, dans la mesure où c'est la compénétration qui vient en premier.

Ces choix de méthode s'explicitent au niveau historiographique dans la plus grande attention portée à la question de la *transmission* et s'appliquent à l'étude de la culture populaire dans ce tour de force historiographique qu'est *Storia notturna* [*Le sabbat des sorcières*].

C'est une histoire qui se fait en tâtonnant, car la transmission de la culture populaire est obscure en un double sens : elle est souvent inconsciente et, lorsqu'elle est consciente, elle ne laisse aucune trace écrite derrière elle. L'échange des mythes et des rites, des paroles et des pratiques, qui garantit la transmission se passe en effet entre analphabètes [35], ou bien entre persécutés ayant tout intérêt à ne pas fournir des preuves à leurs persécuteurs : c'est le problème que Gramsci avait posé de manière si lucide et par lequel nous avions commencé cette partie. Et pourtant, la compénétration vient en premier : la culture populaire n'est pas seulement étouffée par la culture savante, la transmission des représentations culturelles se déroule aussi à l'insu de la culture savante. C'est par là qu'elle remonte à la surface.

Comme nous avons pu le voir, pour De Martino comme pour Ginzburg, une culture populaire isolée est une pure abstraction, dans la mesure où elle serait tout simplement inatteignable. L'ethnologue avait très bien saisi ce point dans ses études sur les rituels lucaniens : partir en quête de la culture populaire revient en effet à être capable de retracer ses allées et venues multiformes, les contextes particuliers où elle survit déguisée, au sein d'une formation culturelle de compromis. Mais Ginzburg accomplit un nouveau geste : il radicalise cette attention à la transmission, en prolongeant l'histoire de la lecture en une ego-histoire. Si les représentations de la culture populaire remontent à la surface de la culture savante, cela revient à dire que chaque intellectuel intéressé à la sorcellerie représente en même temps un chaînon dans l'histoire de sa transmission [36]. L'histoire de la culture populaire et l'histoire de la lecture finissent alors par s'enchevêtrer dans une nouvelle histoire intellectuelle. Dans notre dernière partie, nous voudrions démontrer

---

https://www.lrb.co.uk/the-paper/v34/n08/perry-anderson/the-force-of-the-anomaly. Site internet consulté le 10 mars 2022.

■ 35. L'importance du débat autour de la *literacy* pour l'analyse des thèses de Menocchio est majeure, et notamment celle de l'article de Jack Goody et Ian Watt, « The consequences of Literacy », *Comparative Studies in Society and History* V, 1962-1963, p. 304-345 : « c'est ainsi qu'il [Menocchio] a vécu à la première personne le saut historique de portée incalculable qui sépare le langage ponctué de gestes, de grognements et de cris de la culture orale de celui, privé d'intonation et cristallisé sur la page, de la culture écrite », C. Ginzburg, *Le fromage et les vers, op. cit.*, p. 100. Rappelant à ce propos l'opposition aristotélicienne de la *phoné* au *logos*, Jacques Rancière s'attaque au partage instauré par Ginzburg entre une parole qui fait acte, celle des juges, et une parole condamnée à faire seulement signe vers une culture populaire, J. Rancière, « De la vérité des récits au partage des âmes », *Critique* 6, 2011, p. 274-284. Par Ginzburg, Rancière vise Gramsci. La négation de l'égalité de la culture populaire nous semble être cependant moins le résultat d'un choix arbitraire que la conséquence d'une difficulté historiographique bien réelle.

■ 36. « L'inquisiteur comme anthropologue », dans C. Ginzburg, *Le fil et les traces. Vrai faux fictif, op. cit.*, p. 407-424.

pourquoi cette acception radicale de l'histoire intellectuelle doit intéresser au plus haut degré les philosophes.

## Le paysage dans le visage
## *Le monde magique* de De Martino et l'épistémologie concrète de Ginzburg

La trajectoire qui relie la première œuvre de Ginzburg, *I benandanti*, à son œuvre la plus contestée, *Le sabbat des sorcières*, a été analysée par son auteur à plusieurs reprises[37]. Pour ce faire, l'historien italien n'a pas hésité à utiliser le même procédé d'analyse qu'il avait appliqué pour la première fois aux affirmations de Menocchio, le protagoniste du *Fromage et les vers*. Ginzburg envisage alors ses propres recherches comme un cas parmi d'autres d'histoire de la lecture : un terrain propice à déterrer ce qu'il nomme les cryptomémoires, une sorte d'inconscient intellectuel, véritable moteur de la recherche historique. Dans cette reconstruction, la place occupée par *Le monde magique* d'Ernesto De Martino se révèle décisive. C'est par l'étude de Sergueï M. Shirokogoroff sur le chamanisme sibérien[38], utilisée par De Martino dans son chef-d'œuvre, que le jeune historien aurait été amené, d'abord à son insu, à faire le lien entre le Frioul et l'Altaï, entre les *benandanti* et les chamans toungouses. Dans un second temps, l'insatisfaction à l'égard de la simple juxtaposition d'éléments mythico-rituels similaires aurait poussé Ginzburg vers les recherches rassemblées dans *Storia notturna*. Mais Ginzburg a toujours affirmé la primauté du *Monde magique* sur les monographies demartiniennes d'ethnologie du proche, et cela au-delà de l'influence exercée par l'ouvrage sur son propre travail d'historien.

En 1977, Ginzburg intervient à la table ronde organisée à l'occasion de la publication de l'ouvrage posthume *La fin du monde* et ouvre sa communication par l'expression d'un désaccord profond avec l'introduction rédigée par l'élève de De Martino, l'ethnologue Clara Gallini[39]. À l'encontre « des principes les plus élémentaires du matérialisme historique » invoqués par Gallini, Ginzburg revendique ouvertement l'importance d'un tout autre De Martino, celui du *Monde magique*, retrouvé par le lecteur du dossier sur les apocalypses culturelles. À cette occasion Ginzburg propose en outre « une petite constellation de livres, quelque peu hétérogène »[40] qu'il nomme, pour la toute première fois, les livres de l'« année zéro ». Écrits entre 1939 et 1944, ces livres portent la marque de l'expérience historique dans laquelle baigne leur créateur : la béance ouverte par l'avancée des armées de Hitler,

---

37. C. Ginzburg, « Volare in spirito, dal Friuli alla Siberia », *in* C. Presezzi (ed.), *Streghe, sciamani, visionari. In margine a Storia notturna di Carlo Ginzburg*, Roma, Viella, 2019, p. 45-65 ; « postface » à C. Ginzburg, *I benandanti*, Milano, Adelphi, 2020, p. 292-296. Ce point est développé aussi par G. Charuty, « Actualités de Storia notturna », *L'Homme* 230, 2019, p. 147-148.

38. S. M. Shirokogoroff, *The Psychomental Complex of the Tungus*, London, Kegan Paul Trench Trubner & Co., 1935.

39. « Je ne suis pas d'accord avec l'interprétation de la figure et de l'œuvre de De Martino proposée par Clara Gallini dans son Introduction à La fin du monde », « La fine del mondo di Ernesto De Martino », *op. cit.*, p. 238. Nous traduisons.

40. *Ibid.*, p. 239.

une avancée qui paraissait inexorable et impliquait pour les auteurs de ces ouvrages l'écroulement même de l'histoire humaine[41].

Depuis lors, chacune des contributions de Ginzburg à l'histoire intellectuelle de De Martino parvient à aller au-delà de la réception constituée, même au-delà de celle que l'ethnologue avait préparée pour son œuvre, à rebrousse-poil, pourrait-on dire, de son auto-bibliographie. Trois thèses majeures ont été formulées par Ginzburg au sujet du fondateur de l'anthropologie religieuse italienne : De Martino est un philosophe ; il est un des rares philosophes italiens à avoir fondé une philosophie originale ; cette philosophie est tout entière contenue en germe dans le chapitre central du *Monde magique*[42].

Dans cet ouvrage, De Martino relie une masse considérable de matériaux ethnographiques qu'il assemble de deux manières différentes : dans le premier chapitre, l'exposition procède par simple juxtaposition des documents, tandis que, dans le chapitre qui nous intéresse, le deuxième, les matériaux ethnographiques sont déployés à partir de ce que De Martino nomme « le drame du monde magique ». L'ethnologue formule alors une thèse forte et indémontrable du point de vue historiographique : les rituels magiques sont les conditions de possibilité de l'histoire humaine, sans eux l'histoire s'écroulerait. Ils permettent en effet de recomposer le sujet et son monde, par le dépassement d'un état d'éparpillement de la puissance subjective que De Martino retrouve décrit par différents ethnographes, dont Shirokogoroff.

De Martino forge un concept pour signifier cet état et tout ce qu'il implique de liminaire pour l'histoire humaine : la présence en crise. Le grand héros du drame de l'histoire naissante est le chaman, dans la mesure où ce dernier maîtrise les techniques culturelles qui lui permettent de disperser et de recomposer à volonté sa propre subjectivité. L'histoire s'enclenche sur les états de transe et les rituels magiques du chaman. Mais pourquoi faudrait-il privilégier le deuxième chapitre sur le premier, le drame plutôt que la suite des descriptions ? D'après De Martino, le monde magique ne peut pas être pris au sérieux s'il ne signifie rien pour nous. Voici l'erreur de toute l'anthropologie qui l'a précédé : elle s'est contentée de cumuler des descriptions naturalisantes ; ce faisant, elle a manqué les conditions qui rendent possible un véritable rapprochement du lecteur à cette humanité lointaine. La condition de ce rapprochement est précisément la théorie de la présence en crise et de la magie comme condition de possibilité de l'histoire. Nous ne nous identifions pas avec les chamanes ou avec la communauté sauvée, mais nous saisissons la valeur inestimable, l'urgence de ce sauvetage. C'est ce qui arrive par ailleurs au lecteur des *Batailles nocturnes* qui perçoit très clairement, dans les voix des accusés, l'urgence irrésistible et le caractère vital de leurs voyages en esprit.

Dans tout le chapitre central de l'ouvrage, la suite des matériaux ethnographiques se déroule comme dans un film où les rituels magiques

---

41. Voir aussi C. Ginzburg, « Genèses de *La Fin du monde* d'Ernesto De Martino », p. 194-213.

42. Ginzburg ne manque pas de reconnaître l'influence exercée sur sa lecture de De Martino par l'interprétation du *Monde magique* donnée par Renato Solmi, philosophe et traducteur en italien d'Adorno et Benjamin. Voir à ce propos, R. Solmi, « Ernesto De Martino e il problema delle categorie », in R. Solmi, *Autobiografia documentaria. Scritti 1950-2004*, Macerata, Quodlibet, 2017, p. 51-61 et l'introduction de Solmi à la première édition italienne de T. W. Adorno, *Minima moralia. Meditazioni della vita offesa*, Torino, Einaudi, 1954.

n'apparaissent plus au lecteur comme des fonctions sociales à respecter, voire comme des curiosités extravagantes, mais comme des techniques vitales pour les individus qui les mettent en œuvre : les rituels sont les premières réussites d'un effort héroïque pour se tenir ensemble comme sujets. Car il y a un mauvais infini de la répétition naturelle dans lequel tout sujet pourrait retomber : la répétition mimétique de la présence en crise est le modèle exemplaire d'un sujet qui ne parvient pas à *présentifier*, c'est-à-dire à mettre en forme le présent. Il y va ici de l'histoire, de toute l'histoire. Voici le sol existentialiste sur lequel germe la microhistoire : dans le visage peint par Boccioni, il y va de tout le réel ; dans un cas bien choisi, il y va de toute l'histoire.

En reconnaissant au *Monde magique* sa place parmi les livres de l'année zéro, Ginzburg montre que la force des concepts demartiniens s'ancre dans une expérience vécue à la première personne, celle de la catastrophe imminente provoquée par l'avancée de Hitler. Mais il y a une autre expérience vécue à la première personne dont le concept de présence en crise semble porter la marque. L'historien italien fait souvent référence, dans ses contributions à l'histoire intellectuelle de De Martino, à un extrait non daté, publié pour la première fois par Giordana Charuty : ici De Martino interprète rétrospectivement les crises d'épilepsie dont il souffrait quand il était jeune[43]. Le lecteur familier de l'œuvre demartinienne retrouve dans cet extrait certains éléments du vocabulaire employé pour décrire la présence en crise. Mais pourquoi cela intéresse-t-il à ce point Ginzburg et pour quelle raison cela devrait-il intéresser les philosophes ?

J'ai eu la chance de poser la première de ces deux questions à Ginzburg, qui m'a renvoyée à la fin d'un article paru en 2019 pour la *New Left Review*. L'historien y dresse une liste non exhaustive des variables à considérer pour cerner un individu, pour délimiter « *the boundaries of the ego* » :

> Dire que chaque être humain a deux corps (le physique et le social, le visible et l'invisible) est insuffisant. Il est plus utile de considérer l'individu comme étant le point de convergence de plusieurs ensembles. Nous appartenons simultanément à une espèce (*Homo sapiens*), à un sexe, à une communauté linguistique, à une communauté politique, à une communauté professionnelle, et ainsi de suite. En fin de compte, nous tombons sur un ensemble, défini par dix empreintes digitales, qui ne compte qu'un seul membre : nous-mêmes. Définir un individu sur la base de ses empreintes digitales a certainement du sens dans certains cas. Mais un individu ne peut pas être identifié par ses caractéristiques uniques. Pour parvenir à une meilleure compréhension des actes et des pensées d'un individu, présents ou passés, nous devons explorer l'interaction entre les ensembles, spécifiques et génériques, auxquels il ou elle appartient[44].

43. « Lorsque j'analyse l'expérience de mon "aura", il me semble remarquer avant tout une profonde dysthymie. L'aura commence ainsi : le monde devient sordidement étranger, diaboliquement menaçant, il se dépouille de sentiments. C'est le signe que la présence commence à s'affaiblir. […] Puis, après quelques instants, la présence émerge du naufrage et, avec elle, le monde restauré dans ses formes, avec ses sentiments. C'est comme si je glissais lentement hors de l'histoire », G. Charuty, *Ernesto De Martino. Les vies antérieures d'un anthropologue*, Marseille, Parenthèses, 2009, p. 57-59.

44. C. Ginzburg, « The Bond of Shame », *New Left Review* 120, Nov-Dec 2019, p. 1-10. Je remercie Carlo Ginzburg pour sa générosité intellectuelle sans égale.

Comme le montre la référence aux empreintes digitales, la réflexion sur l'explication individualisante constitue le socle que Ginzburg n'a cessé de mûrir depuis le début des années 1980 : une réflexion qui prend de plus en plus la forme d'une anthropologie philosophique[45].

Revenons à De Martino. La théorie tragique de l'histoire proposée par l'ethnologue napolitain peut être comprise de différentes manières : on peut l'appliquer à d'autres terrains que les siens, comme le font certains anthropologues, ou on peut en tester la cohérence interne, et cette autre tâche devrait revenir aux philosophes. Les deux démarches sont absolument légitimes. Mais il y en a une troisième, une nouvelle voie ouverte par Ginzburg. On peut parvenir à une meilleure compréhension d'une pensée, la cerner de plus près, par la prise en compte des différents ensembles concrets dans lesquels cette pensée est prise *et* que cette pensée déforme. L'écroulement de l'histoire auquel le chaman toungouse fait face est conçu par un ethnologue désireux de faire prendre la magie au sérieux par le biais d'un nouveau langage philosophique, mais aussi par quelqu'un qui a souffert d'une maladie et qui est en train de combattre pour la liberté. Un terrain lointain, une maladie, un combat de liberté : de tout cela peut être faite une nouvelle philosophie.

Mais si le cas de De Martino est un bon cas, il ne doit pas rester isolé. La prise en compte de ces ensembles historiques est susceptible d'enrichir l'épistémologie d'une dimension concrète, qui a affaire avec la biographie des penseurs, mais qui ne se laisse pas pour autant absorber par cette dernière. Ce sont des actions et des événements dont l'histoire personnelle est faite (comme dans le cas du *confino* dont nous sommes partis), mais ce sont surtout des mots qui restent les mêmes ou qui changent, des faits de vocabulaire, minuscules ou massifs, qui font le style philosophique d'un penseur et qu'il nous faudra commencer à chercher ailleurs que dans le règne de l'abstraction géniale.

**Maririta Guerbo**
Université Paris 1 Panthéon-Sorbonne (ISJPS) – Université Rome 3

---

■ 45. À propos de cette anthropologie philosophique à laquelle Ginzburg semble aboutir dans la conclusion au *Sabbat des sorcières*, voir « Sorcières et chamans », dans C. Ginzburg, *Le fil et les traces. Vrai faux fictif*, *op. cit.*, p. 444.

# Ginzburg et les croyances

## COMMENT PENSE UN MEUNIER
## L'apport de la microhistoire à une épistémologie élargie[1]

Frédéric Fruteau de Laclos

**Depuis qu'a paru *Le fromage et le vers*, le cas du meunier Menocchio a donné lieu à de nombreuses exégèses. On cherche ici à le comprendre à la lumière d'un existentialisme de la connaissance, en partant du principe que son système d'idées est cohérent, et qu'il dérive de la situation qui est la sienne, dans ses dimensions indissolublement personnelles, sociales et « écologiques ». Pour appréhender le sens d'une telle expérience tout en restituant la portée d'une épistémologie élargie aux conditions de toute existence, il paraît essentiel de s'appuyer sur les réflexions méthodologiques de Carlo Ginzburg aussi bien que sur des analyses d'ethnologie européenne qu'il lui est arrivé de mentionner.**

**N**ous voudrions proposer une lecture épistémologique du livre *Le fromage et les vers* que Carlo Ginzburg consacra en 1976 au meunier friulan Domenico Scandella dit Menocchio. Menocchio affirmait que « tout était chaos, c'est-à-dire terre, air, eau et feu ensemble ; et que ce volume fit une masse, comme se fait le fromage dans le lait et les vers y apparurent et ce furent les anges… »[2]. Il fut poursuivi par le Saint-Office pour hérésie et vers 1600, au terme de deux longs procès, il fut exécuté.

Sans doute s'étonnera-t-on que nous parlions d'épistémologie. *Le fromage et les vers* est un texte d'histoire qui s'est vite imposé comme un classique de la « microhistoire », même si ce « label » lui-même n'a pas été inventé

1. Merci à Carlo Ginzburg et à Christophe Grellard pour la relecture précise et la discussion généreuse de ces pages.
2. C. Ginzburg, *Le fromage et les vers. L'univers d'un meunier du XVIᵉ siècle* [1976], trad. fr. M. Aymard, Paris, Champs-Flammarion, 2019, p. 42.

par Ginzburg³. À la rigueur, on voit l'effet que l'ouvrage peut produire en anthropologie, en s'inscrivant dans un espace de discussions situé à l'intersection de l'histoire et de l'anthropologie : Ginzburg lit et discute l'histoire des mentalités de la première génération des Annales, il se sent proche de sa seconde génération qui se réclame de l'« anthropologie historique ». Il se trouve que, dans le même temps, l'anthropologie après s'être convertie aux structures s'était elle-même employée à les historiciser, en instaurant par-delà l'anthropologie structurale une anthropologie historique. Ginzburg a témoigné de l'importance à ses yeux des recherches de Jean-Pierre Vernant, auquel on doit une telle historicisation : « La rencontre avec les essais réunis dans *Mythe et pensée chez les Grecs* [de Vernant] a surtout signifié ceci pour moi : une réponse formulée en termes historiques à la perspective résolument anhistorique de Lévi-Strauss »⁴. Enfin, l'œuvre de Ginzburg a très tôt été reçue dans le cercle des anthropologues de Toulouse : Giordiana Charuty a traduit sous le titre *Les batailles nocturnes* l'ouvrage sur les *Benandanti* qui précéda *Le fromage et les vers*, et elle a mené à son sujet, en compagnie de Daniel Fabre, un entretien décisif avec Ginzburg⁵.

Par-delà ces croisements attestés avec l'anthropologie, d'autres sources ont compté pour l'historien Ginzburg. Elles sont notamment littéraires, et embrassent les œuvres diverses de Tolstoï, Dostoïevski et Kafka. Avec leurs romans, une appréhension de l'irrationnel est apparue possible qui soit rationnelle sans être réductrice. Des conditionnements plus personnels ont également pu jouer dans la volonté de rendre raison de l'univers, passablement exotique à nos yeux, d'un meunier du XVIᵉ siècle : l'enfance de Ginzburg dans les Abruzzes, perçue par le petit Carlo comme une terre à la fois fascinante et effrayante de sorcellerie⁶. C'est là que son père, l'antifasciste Leone Ginzburg, ami de l'écrivain Carlo Levi, avait été confiné, en un dur exil de l'intérieur, par le régime de Benito Mussolini⁷.

Mais quoi qu'il en soit de ces caractéristiques disciplinaires ou de ces données biographiques, et de leur distance à l'égard de la méthodologie historienne, on ne voit pas quel rapport *Le fromage et les vers* peut entretenir avec l'épistémologie. Dans les pays de langue anglaise, l'épistémologie est définie comme théorie de la connaissance, et elle a davantage à voir avec la logique et la philosophie de l'esprit qu'avec l'histoire, tout en ayant peu de relations avec la littérature. En Europe néanmoins, en France mais aussi en Italie, maints penseurs ont œuvré à marier l'épistémologie et l'histoire. Ainsi a-t-on coutume d'affirmer que Gaston Bachelard est au point de départ d'une tradition d'« épistémologie historique ». Le problème est que l'histoire épistémologique professée par Bachelard et ses successeurs n'est pas historienne.

■ 3. C. Ginzburg, « Microhistoire : deux ou trois choses que je sais d'elle… » [1994], *Le fil et les traces. Vrai faux fictif* [2006], trad. fr. M. Rueff, Lagrasse, Verdier, 2010, p. 361-405.

■ 4. C. Ginzburg, « Vernant, Vidal-Naquet. Réflexions d'un lecteur », trad. fr. M. Segonds-Bauer, *Po&sie* 127, 2009/1, p. 114-115.

■ 5. Voir C. Ginzburg, *Les batailles nocturnes. Sorcellerie et rituels agraires en Frioul XVI-XVIIᵉ siècle* [1966], trad. fr. G. Charuty, suivi d'un entretien entre G. Charuty, D. Fabre et C. Ginzburg, Lagrasse, Verdier, 1980, p. 225-226, et *infra*, « Les introuvables des *Cahiers* », p. 96.

■ 6. Voir la rubrique *Situations*, « *Les batailles nocturnes* en français, 40 ans après », *infra*, p. 109.

■ 7. C. Ginzburg, *Les batailles nocturnes, op. cit.*, p. 226-228.

Elle entend même prendre à contrepied le programme des historiens. Car si l'histoire des historiens s'emploie à évaluer le passé en s'abstrayant du présent, seul moyen selon elle d'éviter l'écueil de l'anachronisme, l'histoire des épistémologues, préoccupée non de la véracité des faits historiques mais de l'avènement des valeurs scientifiques, s'arroge le droit de juger le passé en fonction du présent, en appréciant les productions de l'esprit scientifique de nos prédécesseurs à l'aune des accomplissements de l'esprit scientifique du moment[8]. Au regard du dernier état des savoirs, les connaissances du passé passeront pour préscientifiques ou simplement scientifiques, inférieures au nouvel esprit scientifique que manifestent les développements actuels des sciences. Très généralement, l'épistémologie historique est conçue comme une épistémologie de la rupture : rupture du présent avec le passé des connaissances, mais également rupture à tout instant de la science avec le sens commun, des concepts de la connaissance avec les images de la doxa. Selon les mots tranchants de Bachelard, « l'opinion *pense* mal ; elle ne *pense* pas »[9].

Pourtant, ne serait-il pas envisageable d'entreprendre une révolution historiographique en épistémologie ? On s'attacherait alors à comprendre les hommes du passé comme ils se sont eux-mêmes compris. Surtout, on partirait du principe qu'ils se comprenaient et qu'ils comprenaient le monde qui les entourait, qu'ils ont à tout le moins essayé de le comprendre, quand bien même leurs efforts n'auraient pas été toujours couronnés de succès. À cet égard, il n'y aurait pas lieu de constater ni de consacrer des ruptures épistémologiques, soit entre les hommes du passé et les savants du présent, soit entre les hommes du commun et les hommes de science dans le présent aussi bien que dans le passé. Il se pourrait bien que l'analyse par Ginzburg de la cosmologie conçue par un simple meunier frioulan du XVIᵉ siècle soit susceptible de rendre les plus grands services au projet d'une épistémologie élargie. *Le fromage et les vers* offre en effet l'opportunité de dégager le sens d'une théorie de la connaissance qui, loin de se soumettre au schème de la rupture, serait soucieuse d'identifier des points de comparaison entre les formes du savoir, aussi diverses que celles-ci puissent paraître.

En faisant valoir la cohérence des conceptions de Menocchio, on engage l'observateur – l'historien ou ses lecteurs – à s'arracher à un point de vue d'abord simplement « étique » pour atteindre à un point de vue « émique ». Ginzburg se rapporte volontiers à cette distinction, due à Kenneth L. Pike, qu'il a découverte à la fin des années 1980. Anthropologue et linguiste, Pike distinguait ainsi le point de vue de l'observateur, dit « étique » (de phonétique), du point de vue de l'acteur, dit « émique » (de phonématique). Si le point de départ de l'analyse peut être trouvé dans des catégories générales, hors sol, indifférentes comme telles aux significations locales, l'ambition de l'anthropologue doit être de parvenir à l'élucidation d'unités descriptives « culturellement spécifique[s], appliquée[s] à un seul langage ou à une seule

■ 8. Voir G. Bachelard, « L'actualité de l'histoire des sciences » [1951], *L'engagement rationaliste*, Paris, P.U.F., 1972, p. 137-152.
■ 9. G. Bachelard, *La formation de l'esprit scientifique. Contribution à une psychanalyse de la connaissance objective*, Paris, Vrin, 1938, p. 14.

culture à la fois »[10]. Ginzburg propose une transposition historienne de la distinction. Si le point de départ de l'historien est anachronique, ancré dans sa propre époque avant d'avoir pénétré le sens du passé, il doit travailler à récupérer des « réponses articulées dans le langage des acteurs et reliées aux catégories propres à leur société, qui est complètement différente de la nôtre »[11]. Autrement dit, sans céder à la mystique d'une communication « sympathique » avec le passé, il doit tout faire pour se mettre à la place des autres. L'historiographie *émique*, analogue méthodologique d'une anthropologie *émique*, doit permettre, grâce à une attention philologique tendue aux mots des autres, de se mettre à leur place. Se mettre à la place de Menocchio signifierait de comprendre, à travers ses mots, quelle était sa situation, en un sens d'abord résolument spatial et géographique : qu'est-ce que cela fait d'être dans un moulin, à l'écart du village, sur un lieu de passage ? Et, partant, quel effet cela produit-il de lire ou de se remémorer ses lectures quand on passe ses journées à s'activer dans un moulin ?

Le problème de la communication des consciences, à savoir la pénétration de la conscience de l'accusé et de la conscience de l'historien par le biais de la conscience de l'inquisiteur, ne se pose pas pour Ginzburg. Car le texte du procès offre une trame dialogique au sens d'un linguiste comme Roman Jakobson ou, mieux, au sens d'un théoricien de la littérature comme Mikhaïl Bakhtine : bien qu'écrit par les inquisiteurs, ce texte porte la trace des échanges avec le persécuté, même et surtout si ce dernier demeure incompréhensible à ses juges[12]. C'est le cas avec les *benandanti* qui étaient au cœur du livre *Les batailles nocturnes*, publié avant que Ginzburg ne se penche sur Menocchio. Les *benandanti* sont les probables héritiers de très anciennes croyances populaires que les inquisiteurs n'arrivent pas à ramener à leurs connaissances « mythologiques ». Les inquisiteurs sont à leur façon les précurseurs ou les annonciateurs de la « mythologie comparée »[13]. Ils cherchent à pénétrer le mystère de la signification des manifestations humaines auxquelles ils sont confrontés à travers les formulations de leurs interlocuteurs. Mais il a fallu beaucoup de temps pour réduire l'étrangeté du phénomène *benandanti*. Quand enfin les inquisiteurs ont « compris », le mystère s'est évanoui. On a assisté alors à la rédaction de véritables monologues (au sens de Bakhtine), les accusés ayant fini, sous l'effet de la pression des juges et du processus d'acculturation qui s'en est suivi, par parler la langue de leurs persécuteurs. L'intériorisation des catégories des accusateurs inquisitoriaux a conduit les *benandanti* à se décrire effectivement comme des « sorciers »[14]. Dans l'intervalle cependant, avant que les catégories dominantes ne soient assimilées et que l'écart ne se trouve réduit, les résistances que les *benandanti* ont opposées à leurs juges

■ 10. Kenneth L. Pike, *Language in Relation to a Unified Theory of the Structure of Human Behavior*, 2ᵉ édition révisée, The Hague, Mouton, p. 37-39, cité dans C. Ginzburg, « Nos mots et les leurs. Une réflexion sur le métier de l'historien, aujourd'hui », trad. fr. M. Rueff, *Essais. Revue interdisciplinaire d'Humanités*, Hors-série 1, « L'estrangement : Retour sur un thème de Carlo Ginzburg », S. Landi (dir.), École Doctorale Montaigne-Humanités, 2013, p. 200.
■ 11. C. Ginzburg, « Nos mots et les leurs. Une réflexion sur le métier de l'historien, aujourd'hui », art. cit., p. 200.
■ 12. C. Ginzburg, « L'inquisiteur comme anthropologue », *Le fil et les traces. Vrai faux fictif, op. cit.*, p. 414-415.
■ 13. *Ibid.*, p. 420.
■ 14. *Ibid.*, p. 415-416.

ont permis la production d'archives qui offrent à l'historien la matière d'une riche ethnographie de la différence frioulane.

Une fois encore, on se reportera aux analogies explicites développées par Ginzburg avec la situation dans laquelle se trouvent les anthropologues. Que fait un anthropologue sur le terrain ? « Il écrit », répond Clifford Geertz[15]. Mais de cette activité d'écriture ne découle pas une clôture textualiste, et le « tournant textualiste en anthropologie » ne saurait entraîner la dénonciation d'une supposée « erreur référentielle », comme si les anthropologues, devenus écrivains ou s'étant reconnus comme tels, avaient renoncé à appréhender une réalité extérieure à leurs écrits[16]. En vérité, il n'y a pas d'erreur référentielle selon Ginzburg, et pas de scepticisme possible, ni du point de vue de l'ethnologue écrivant, ni de celui de l'historien s'attachant aux écrits des inquisiteurs : à travers les textes, l'un et l'autre touchent à une réalité, celle du mode de vie et du monde de pensée autochtone dans le premier cas, celle du phénomène *benandanti* dans le second cas.

## L'existentialisme de la connaissance : questions de méthode

La radicalité du geste de Ginzburg mérite d'être soulignée. Cette radicalité n'est pas directement épistémologique. Mais parce qu'elle ne ressortit pas à la théorie de la connaissance, elle permet paradoxalement d'espérer les plus grandes avancées épistémologiques. L'objet de Ginzburg ne consiste pas dans les savoirs du passé, dont il entreprendrait de démontrer qu'ils constituent des sciences à part entière. L'historien s'attache aux idées d'un homme qui n'a rien de savant, mais tout de commun. On objectera que le meunier Menocchio est un personnage extraordinaire et bien peu commun. Mais s'il est extraordinaire, ce n'est pas au sens où il serait particulièrement savant ou suprêmement intelligent. Au premier abord, son discours est plutôt extravagant, divaguant et presque délirant. Il sort du rang et le fait sciemment, et c'est à se demander s'il est cohérent, et si l'historien parviendra à cerner dans la suite de ses propos une position claire, ferme et distincte. Devant les « phrases étranges » rapportées par les personnes appelées à témoigner, confrontés à un « amas d'extravagances impies mais inoffensives », les instructeurs s'étaient d'abord demandés si Menocchio était « sain d'esprit », ou au contraire « fou », « possédé ». À une autre époque, ajoute Ginzburg, Menocchio aurait sans doute été enfermé en hôpital psychiatrique pour « délires religieux »[17]. Si toutefois, en suivant à la trace le déroulé de son procès pour hérésie et le détail de sa défense tels que Ginzburg lui-même les restitue, nous parvenons à montrer que, à mille lieux d'être délirant, ou plutôt au moment même où il paraît l'être, Menocchio est cohérent, nous aurons davantage avancé que si nous étions partis de discours tenus pour savants au moment de leur formulation. Car il s'avère que, si Menocchio déforme, sa déformation est cohérente. Et si le système du monde qu'il invente cadre mal d'abord avec

15. Cité dans *Ibid.*, p. 417.
16. *Ibid.*, p. 417-418, p. 422.
17. C. Ginzburg, *Le fromage et les vers, op. cit.*, p. 43-44.

nos façons de penser ou avec celles de ses contemporains « savants » (dans le cas des autres paysans, les sources manquent le plus souvent), ce n'en est pas moins une manière consistante et originale de penser. D'entrée de jeu, rendant compte du « déroulement du procès »[18], Ginzburg relève ainsi que, « dès que l'occasion se présentait, Menocchio confirmait presque avec insolence sa propre indépendance de jugement, son propre droit à prendre une position autonome »[19]. Le meunier, persuadé de son « originalité », exposait avec « assurance et agressivité » ses « propres idées »[20].

Tel est le bénéfice que l'investigation historienne ou microhistorienne promet à une épistémologie du commun : elle débouche sur un véritable existentialisme de la connaissance. Le but d'une démarche de cet ordre n'est assurément pas d'axiomatiser l'existence, de la ramener aux termes d'une logique formelle en en faisant la matière d'une approche – enfin – scientifique. Il est de voir la connaissance émerger de l'existence d'un sujet quelconque, de la concevoir comme une des dimensions, essentielles, de son existence. Il faudrait parvenir à appréhender la constitution des sujets humains comme sujets de connaissance : comment les sujets se forment-ils, comment les existences s'instaurent-elles en formant des idées, en envisageant des essences qui représentent autant de connaissances ou autant de prétentions à la connaissance ?

Existence et pensée sont les deux piliers de l'épistémologie historique comparée que *Le fromage et les vers* aide à concevoir. Leur association dans un seul et même programme de recherche conduit à unir l'inconciliable, ou ce qui passe en général pour inconciliable, à savoir les prérequis d'un certain existentialisme et les attendus d'une posture épistémologique[21]. Contre cette distinction, on n'hésitera pas à invoquer les œuvres d'inspiration phénoménologique de Jean-Paul Sartre et de Maurice Merleau-Ponty, en les reprenant dans une perspective gnoséologique qu'eux-mêmes n'ont peut-être pas suffisamment envisagée.

Nous n'aurons pas à inventer des positions de cet ordre dans la mesure où les linéaments de notre programme ont été tracés, à l'époque même où paraissait *Le fromage et les vers*, dans les recherches si fécondes, et si peu mises à profit en épistémologie, de Judith Schlanger. Cette chercheuse, dont les premiers travaux portaient sur l'histoire des idées et la théorie de l'invention, bénéficia du double enseignement de Gaston Bachelard et d'Alexandre Koyré. Elle préféra à la philosophie des sciences disqualifiante du premier l'histoire des sciences ouverte du second. Koyré « cherchait le dialogue […], se plaisait à l'échange d'idées et était heureux de réfléchir sur place à une question imprévue » : « Impossible de rendre justice au style dogmatique après lui[22]. » Posant un regard rétrospectif sur l'existentialisme, elle en vient à se demander

■ 18. C. Ginzburg, *Le fromage et les vers*, op. cit., p. 44.
■ 19. *Ibid.*, p. 51.
■ 20. *Ibid.*, p. 53.
■ 21. Qu'on songe à la fameuse distinction foucaldienne entre la « lignée du sujet », spiritualisme et existentialisme compris, et la « lignée du concept », dans laquelle Michel Foucault lui-même s'inscrit et qui renvoie à la tradition épistémologique française (M. Foucault, « La vie : l'expérience et la science » [1985], *Dits et écrits II, 1976-1988*, Paris, Gallimard, 2001, p. 1583-1584).
■ 22. J. Schlanger, *Fragment épique. Une aventure aux bords de la philosophie*, Paris, Belin, 2000, p. 52.

pourquoi elle n'a pas été plus sensible, alors qu'elle entrait en philosophie, à « certaines intuitions de Sartre »[23]. Ces « intuitions » sont celles de l'« horreur de l'engluement », du « mouvement d'arrachement héroïque et illogique qui est au fond de son attitude [de Sartre] : mets ton honneur et ta liberté à courir plus vite que ce qui te rattrape ». Ce qui intéresse Schlanger dès ses premières investigations sur les « métaphores de l'organisme »[24] n'est pas autre chose que le mouvement d'arrachement des individus à la masse des pensées dans lesquelles baigne leur esprit, et la logique singulière qui en résulte à chaque fois, pour chaque production d'idée. Le fondement d'une telle démarche est existentialiste, il ouvre très précisément l'espace d'un existentialisme de la connaissance. En nous inspirant de cette œuvre, nous voudrions relire certains développements du classique de Ginzburg *Le fromage et les vers*.

## Les gens pensent : « Un, deux, mille Menocchio… »

La première génération de l'école des Annales s'était préoccupée d'une histoire différente de la vie des Grands de ce monde et des événements retentissants qu'ils initient ou provoquent. Ginzburg leur emboîte le pas, en défendant une histoire différente de la « geste des rois »[25] qui, pour être entée sur le peuple ou les gens, le commun des mortels, ne se ramène pas pour autant à un traitement statistique des masses, selon un abord économique ou démographique qu'encouragea la seconde génération des Annales. Le décalage de Ginzburg par rapport à une telle histoire est manifeste lorsqu'il oppose la singularité d'« une enquête minutieuse sur *un* meunier » aux études quantitatives ou à l'analyse sérielle des données prônées par François Furet, lequel exclut par principe la possibilité d'une approche des masses par-delà « le nombre et l'anonymat »[26].

À suivre cette enquête qui entend décrire « l'univers d'un meunier du XVIe siècle », on comprend que les gens pensent, non pas seulement qu'ils pensent ponctuellement, mais bien qu'ils théorisent en développant de véritables systèmes du monde, d'authentiques cosmologies. La connaissance est un fait commun ou partagé, même si, en apparence, le connaissant sort du rang ou s'extrait du commun. Il faudrait aller jusqu'à soutenir que la production de l'extraordinaire est chose commune : que nombreux sont les producteurs de systèmes du monde, que tous les sujets, même, ont de telles visions et conceptions, même si tous ne seraient pas prêts à affronter l'Église pour les défendre, même si la peur de l'Inquisition prévient les prétentions à affirmer de telles conceptions, empêche peut-être même du coup à (se) les formuler. Le cas de Menocchio n'est pas un cas à part de production d'idées. Ce qui est peut-être rare, c'est le courage de cet homme, qui ose expliciter le fond de ses pensées et prend plaisir à provoquer la discussion pour les expliciter face à ses congénères, qui fait tout, enfin, pour les proférer à la face des importants de ce monde. À défaut de princes ou de rois, les hommes d'Église chargés de le juger seront ses interlocuteurs savants. Ginzburg montre que Menocchio,

▓ 23. *Ibid.*, p. 38.
▓ 24. Voir J. Schlanger, *Les métaphores de l'organisme*, Paris, Vrin, 1971.
▓ 25. C. Ginzburg, *Le fromage et les vers, op. cit.*, p. 9.
▓ 26. *Ibid.*, p. 20.

alors qu'il a purgé sa peine, alors qu'il a demandé à ce que les sanctions soient allégées (pouvoir s'éloigner de chez lui pour trouver du travail, ne plus porter la croix qui l'identifie comme condamné par le saint tribunal), se livre à de nouvelles provocations, souhaite de nouvelles expositions, en tous les sens du terme : s'exposer pour exposer ses idées, débattre en se plaçant au centre des échanges. Tels sont les traits psychologiques que souligne Ginzburg : c'est plus fort que lui, il aime être au centre de l'attention, il désire qu'on l'écoute, il est fier de pouvoir développer ses arguments au-delà du cercle de ses connaissances immédiates, craintives et rétives.

Pourtant, insistons-y, Menocchio est loin d'être un cas isolé, les Menocchio peuplent la botte et sans doute l'Europe entière. Ils ont été nombreux à donner forme à leurs idées pour leur entourage et au-delà, à penser « dans leur cerveau » ou à avoir le « cerveau subtil », selon les expressions de Menocchio auxquelles Ginzburg revient très souvent[27]. Les derniers mots de Ginzburg, son évocation finale d'un autre Menocchio, un certain Marcato ou Marco, le signalent on ne peut plus clairement : « De Menocchio, nous savons beaucoup de choses. De ce Marcato ou Marco – et de tant d'autres comme lui, qui ont vécu et qui sont morts sans laisser de traces – nous ne savons rien »[28]. Nous n'en savons rien, ou presque rien. Mais même si leur existence et leurs pensées ont laissé peu de traces, nous savons qu'ils ont existé et qu'ils ont pensé, tout comme Menocchio. Ce qui est pris en défaut ici, ce ne sont pas ces existences, ce ne sont pas ces pensées, ce sont les traces de ces existences et de ces pensées. Quel que soit l'approfondissement méthodologique auquel le souci ginzburgien des traces a donné lieu à travers le développement d'un « paradigme indiciaire », une chose est sûre : il y a eu plus d'un Menocchio, plus d'un penseur de la trempe de Menocchio, il y a même eu « uno, due, mille Menocchio », selon la formule forte du *Fromage et les vers* reprise dans le titre d'un article de Paola Zambelli[29]. On le voit bien encore aux rapprochements orchestrés par Ginzburg, par exemple avec cet autre meunier Pellegrino Baroni, dit Pighino « le gras », qui n'est pas moins intelligent que Menocchio. Ginzburg parle d'une « grande fermeté d'âme » face à ses juges, d'une « intelligence subtile et presque captieuse ». Mais le Saint-Office a fini par le briser : « C'était un homme désormais vaincu »[30]. Ce qui manque à Pighino, ce n'est pas l'intelligence – au moins aussi subtile que celle de Menocchio –, c'est la résistance à la violence inquisitoriale.

Une foule de Menocchio a existé, et elle a pensé. Très certainement, les gens pensent, même si tous n'ont pas le courage d'assumer leurs pensées, de les formuler, ou de maintenir leur formulation jusqu'au bout. Tous n'ont pas laissé de traces (défaut des archives), peut-être même tous n'ont-ils pas produit de telles traces : il y a des difficultés de fait à expliciter ses idées et à les soutenir continûment, compte tenu de certains facteurs psychologiques, sociologiques, historiques. « Si je parle, si on le répète, et si le Saint-Office… » Sans doute faudrait-il faire ici une analyse des mécanismes de dénonciation en

■ 27. C. Ginzburg, *Le fromage et les vers, op. cit.*, p. 53, p. 67, p. 77, p. 86, p. 106, p. 115, p. 117, p. 231.
■ 28. *Ibid.*, p. 236.
■ 29. P. Zambelli, « Uno, due, mille Menocchio ? », *Archivio storico italiano* CXXXVI, 1979, p. 51-90.
■ 30. C. Ginzburg, *Le fromage et les vers, op. cit.*, p. 221.

contexte inquisitorial. Mais le résultat d'une telle analyse ne saurait entamer le constat suivant : malgré les difficultés de fait, en droit tout le monde pense.

On pense toujours « la bouche pleine », écrivait Judith Schlanger, la bouche pleine des mots des autres[31]. Dès lors, il est légitime qu'en premier lieu l'historien se demande ce que Menocchio a lu. Selon un mouvement qui irait du milieu à la périphérie, de la production des livres à leur diffusion en cercles de plus en plus larges, il essaie d'identifier la position du meunier à l'égard du centre livresque. Or à quelle distance de la source Menocchio se trouve-t-il, à quel degré d'éloignement ? Il faudrait reconstituer le patient parcours de Ginzburg à travers les livres que Menocchio a lus, à travers ceux qu'il aurait pu lire ou dont il aurait pu avoir connaissance, directement ou médiatement, enfin la « rumination » à laquelle il se livre sur certains des siens[32]. Car plus que l'apport de cette strate livresque, importe à Ginzburg la déformation cohérente que Menocchio imprime à ses lectures. Que fait-il de ce que ses lectures lui font, qu'apporte-t-il à ce qu'elles lui apportent, comment agit-il ou réagit-il à ce qu'il reçoit, étant entendu que son attitude n'est jamais « purement réceptive »[33] ?

D'un point de vue méthodologique, on doit s'opposer résolument à la thèse de la « passivité culturelle » des classes populaires telle qu'elle se manifeste dans l'analyse de la littérature de colportage par Robert Mandrou, la « Bibliothèque bleue de Troyes », au XVIIᵉ et XVIIIᵉ siècles. La « culture populaire », affirme contre lui Ginzburg, n'est jamais seulement *imposée*, elle est toujours aussi *produite* par les individus[34]. À l'unilatéralité d'« influences extérieures passivement subies »[35], qui s'exerceraient toujours seulement du haut vers le bas, des classes dominantes en direction des classes subalternes, il faut préférer le repérage des complexes boucles d'« échanges circulaires et [d']influences réciproques » que l'on trouve dans l'étude de Bakhtine sur François Rabelais, quand bien même sa documentation et les conclusions qu'il en tire seraient discutables – en l'occurrence, il s'appuie sur les seuls textes de Rabelais et prétend pouvoir identifier les paroles du peuple dans la prose de Rabelais[36].

Avec ces boucles et ces échanges, on a affaire à un double mouvement d'intériorisation de l'extérieur et d'extériorisation de l'intérieur, de détotalisation sous l'effet des lectures et de retotalisation subjective et intellectuelle de ces lectures mêmes. À ce lexique inspiré des derniers travaux de Jean-Paul Sartre, à la fois existentialistes et marxistes, on peut préférer celui de son contemporain Maurice Merleau-Ponty, et parler, en transposant ce qu'il écrit du rapport des artistes à l'Être, d'inspiration des lettres ou dans les lettres par Menocchio et d'expiration d'idées à partir d'elles. C'est à ce dernier philosophe qu'on a

31. J. Schlanger, *Penser la bouche pleine*, Paris-La Haye, Mouton, 1975, 2ᵉ éd., Paris, Fayard, 1983. Voir aussi *Le comique des idées*, Paris, Gallimard, 1977.
32. C. Ginzburg, *Le fromage et les vers, op. cit.*, p. 78-80, p. 105, p. 117-118, p. 141, p. 176.
33. *Ibid.*, p. 94.
34. *Ibid.*, p. 12-13. Voir R. Mandrou, *De la culture populaire aux XVIIᵉ et XVIIIᵉ siècles : la Bibliothèque bleue de Troyes*, Paris, Stock, 1964.
35. C. Ginzburg, *Le fromage et les vers, op. cit.*, p. 25.
36. *Ibid.*, p. 14, 18. Voir M. Bakhtine, *L'œuvre de François Rabelais et la culture populaire au Moyen Âge et sous la Renaissance*, trad. fr. A. Robel, Paris, Gallimard, 1970.

emprunté plus haut l'expression même de « *déformation cohérente* », qu'il employait pour parler de peinture et qu'on ne doit pas hésiter à étendre de l'esthétique à l'épistémologie[37].

Ginzburg souligne à de nombreuses reprises que les affirmations de Menocchio témoignent d'une déformation imposée au matériau théorique dont il se nourrit. Il évoque ainsi « l'originalité agressive de la lecture de Menocchio » : « Plus que le texte, ce qui apparaît alors important, c'est la clé de lecture, la grille que Menocchio interposait inconsciemment entre lui-même et la page imprimée, une grille qui mettait en lumière certains passages et en cachait d'autres, qui exaspérait la signification d'un mot isolé de son contexte, qui agissait dans la mémoire de Menocchio en déformant la lettre même du texte »[38]. Plus loin, il ajoute que, « comme à l'habitude, Menocchio déformait le texte avec agressivité »[39]. Menocchio, en lisant ses livres, « isolait, en les déformant au besoin, les mots et les phrases, rapprochant des passages différents et en faisant jaillir de foudroyantes analogies »[40]. De Pighino, le meunier à l'intelligence subtile, Ginzburg écrit qu'il produit une « déformation significative » des discours qu'il a entendus à Bologne[41]. Or cette déformation ne conduit pas à de complets contresens, encore moins à des non-sens, mais à d'autres sens qui sont de nouveaux sens. L'essentiel tient à cette idée qu'il existe une « clé de lecture », une « grille », ou encore une « réélaboration originale »[42], que Ginzburg s'emploie à mettre au jour et qui donne cohérence à l'ensemble des déformations constatées. La « grille interprétative » est « beaucoup plus importante que la "source" » et « chaque fois, la confrontation entre les textes et les réactions de Menocchio nous a conduit à postuler une clé de lecture qu'il possédait obscurément »[43].

Il faut insister sur les caractéristiques d'une « déformation cohérente », expression en apparence oxymorique, en vérité très rigoureuse. Si les thèses cosmogoniques de Menocchio sont étonnantes au regard de ses sources livresques et si, de ce point de vue, il déforme incontestablement, dans le même temps la déformation demeure compréhensible, elle n'empêche pas de suivre Menocchio et de lui emboîter le pas théoriquement. Pourtant, souvent aussi Ginzburg montre que ses interlocuteurs, qui étaient de subtils débatteurs, se sont fait fort de pointer les contradictions d'un jour sur l'autre ou d'un propos à l'autre. Menocchio est-il donc idiot, contradictoire, prélogique ? Il est bien vrai que, parfois, il est réduit au silence. Mais il faut distinguer les situations dans lesquelles il a peur (c'est un motif psychologique), ces situations l'amenant à se contredire à des fins stratégiques (ne pas être condamné, ne pas mourir), et les circonstances en lesquelles il est vraiment confondu et embarrassé, acculé logiquement par ses contradicteurs.

■ 37. Voir J.-P. Sartre, *Critique de la raison dialectique* précédé de *Questions de méthode*, Paris, Gallimard, 1960, p. 66-68 ; M. Merleau-Ponty, *L'œil et l'esprit* [1964], Paris, Gallimard, 1988, p. 31-32 et « Le langage indirect et les voix du silence », *Signes* [1960], Paris, Gallimard, 2001, p. 126.
■ 38. C. Ginzburg, *Le fromage et les vers*, *op. cit.*, p. 85-86.
■ 39. *Ibid.*, p. 107.
■ 40. *Ibid.*, p. 114.
■ 41. *Ibid.*, p. 228.
■ 42. *Ibid.*, p. 85-86, p. 93, p. 112.
■ 43. *Ibid.*, p. 98, p. 114.

Ainsi, après avoir rendu compte d'un échange tendu avec le vicaire général Giambattista Maro, Ginzburg juge que « Menocchio avait probablement été saisi d'un doute. La peur ou l'incertitude l'avaient rendu, pour un moment, silencieux »[44]. Il note également que, ayant passé « une partie de l'hiver et le printemps en prison », « il [Menocchio] devait être fatigué », et que cependant il continuait à se « soûler de mots », « enivré » d'être écouté : « Menocchio répétait des choses déjà dites, il en ajoutait de nouvelles, il en laissait tomber d'autres, il se contredisait »[45]. On le voit cependant, la contradiction est l'effet de la fatigue ou de l'ivresse, et non pas directement d'un défaut de rigueur dans l'argumentation. À vrai dire, il est très rare que Menocchio soit désarçonné par la puissance logique de ses adversaires. Et Ginzburg paraît n'avoir aucun mal à se conformer presque systématiquement à un certain « principe de charité » : présupposer que l'individu ne se contredit pas et s'employer à dégager la logique sous-jacente à ses dires. Car la « cosmogonie » de Menocchio se laisse complètement dégager, des premiers principes de ses raisonnements jusqu'à l'ensemble des thèses qui s'en « déduit » ou qui « s'ensuit » naturellement, selon un lexique dont la présence est impressionnante dans *Le fromage et les vers* : « *Et il s'ensuit* : encore une fois le raisonnement imperturbable de Menocchio se mouvait parmi les textes (l'Écriture, le *Fioretto*) avec une extraordinaire liberté »[46]. Menocchio puise dans la matière textuelle ce qui l'intéresse ou qui lui importe. Mais le point de départ a beau avoir été « trituré », les sources être devenues méconnaissables ou inidentifiables, la courbe du raisonnement peut bien passer pour étrange au premier abord, il n'empêche : la liberté dont témoigne Menocchio n'exclut pas, mais au contraire implique, la rigueur des consécutions.

## La portée intellectuelle de la métaphore

En ce point, il est nécessaire de lever une difficulté dans la mesure où on pourrait être tenté de déclarer que Menocchio ne raisonne pas, mais qu'il fantasme ; qu'il ne conceptualise pas, mais qu'il métaphorise. De fait, ainsi que le souligne Ginzburg, « Le fromage et les vers », expression qui donne son titre à l'ouvrage, fonctionne comme une métaphore, moyennant une double comparaison ou, plus précisément, une analogie. Le monde est comme un fromage, et les anges sont comme des vers ; ou encore, les anges sont au monde ce que les vers sont au fromage. Ces métaphores relèvent-elles de la poésie ? Loin de poétiser, de telles images prosaïsent ou abaissent, elles renvoient à l'expérience la plus quotidienne du meunier, Ginzburg y insiste : les métaphores « introduisent les mots de l'expérience quotidienne », elles « traduisent » la pensée « dans le langage de l'expérience quotidienne »[47]. Mais, dira-t-on, qu'il poétise ou prosaïque en métaphorisant, cela semble ne rien changer rien au fait que Menocchio n'élabore pas de connaissance. Il n'en est cependant rien, l'historien apportant la plus vive lumière sur la

44. *Ibid.*, p. 146.
45. *Ibid.*, p. 153.
46. *Ibid.*, p. 136. Voir aussi p. 90, 93, 96, 107, 160, 178, 230 pour les termes « déduit » et « déduction ».
47. *Ibid.*, p. 131, 135.

portée intellectuelle et heuristique de la fonction métaphorique[48] et sur la possibilité d'un usage de l'imagination qu'on dira cognitif[49].

Ginzburg relève ainsi que, si « les métaphores récurrentes répondent au besoin de rendre plus proches et plus compréhensibles les figures centrales de la religion », « leur contenu, jamais fortuit, laisse transparaître la trame du discours véritable et inexprimé de Menocchio », et il permet d'accéder au « contenu plus profond » d'une « conception du monde »[50]. Du « jeu de la métaphore » chez Menocchio, par exemple celle de Dieu le père, c'est-à-dire de Dieu considéré comme un père pour les hommes, il faut dire qu'elle « restitue à une épithète aussi usée et aussi traditionnelle une prégnance nouvelle »[51]. D'elle, en effet, découle le système du monde du meunier, et tout d'abord sa « tolérance » ou son ouverture aux autres cultures : Dieu, comme un père, aime également tous ses enfants, chrétiens, hérétiques, Turcs ou juifs ; ses enfants pourront le maudire, le père ne s'en scandalisera pas. Mais les métaphores introduisent encore au matérialisme puissant et politiquement dévastateur de Menocchio : le seigneur Dieu est… un seigneur, et comme tel il ne travaille pas ; il est un patron ou un propriétaire terrien qui ne se salit pas les mains. Peut-être a-t-il une certaine ressemblance avec un maçon ou un charpentier, mais, à cet égard, la création, qui a d'abord tout d'une construction, c'est-à-dire d'une action matérielle, est maintenant laissée, pour le meilleur et pour le pire, à ses agents ou à ses travailleurs. Autrement dit, « sa vision [de Menocchio] obstinément matérialiste n'admettait pas la présence d'un Dieu créateur »[52]. La métaphore n'obscurcit jamais en illustrant ou en exemplifiant ; à travers la multiplicité des terrains concrets sur lesquels nous entraîne l'imagination, de nouvelles significations de Dieu et du monde sont produites.

Les premiers principes de pensée de Menocchio continuent-ils de paraître absurdes en dépit de toutes ces explications ? Alors, il faut reconstituer tout l'arrière-plan d'idées qui leur donnent sens. L'apport logique ou épistémologique de l'historien est ici considérable. Il consiste à montrer que toute implication est en dernier ressort matérielle, que les consécutions logiques se dégagent sur fond d'enchaînements empiriques que l'histoire peut identifier. Se révèle en effet « l'existence d'une tradition cosmologique millénaire qui, par-delà la différence des langages, a uni le mythe à la science », les « opinions » de Menocchio se présentant comme « l'écho, sans doute inconscient, d'une antique cosmologie indienne »[53]. Cette cosmologie permet de comprendre que la métaphore du fromage et des vers puisse tenir lieu d'explication de l'émergence de notre monde à partir du chaos, que les anges soient des vers qui se sont développés dans le grand fromage de l'univers. Ginzburg parle des « parallèles supposés entre les récits de Menocchio sur le chaos d'où naquirent les anges comme d'un fromage naissent les vers, et les cosmologies présentes

---

■ 48. Voir J. Schlanger, *L'invention intellectuelle*, Paris, Fayard, 1983 p. 189-195.
■ 49. A. Varagnac, *Civilisation traditionnelle et genres de vie*, Paris, Albin Michel, 1948, p. 350.
■ 50. C. Ginzburg, *Le fromage et les vers, op. cit.*, p. 132, 135.
■ 51. *Ibid.*, p. 132.
■ 52. *Ibid.*, p. 136.
■ 53. *Ibid.*, p. 125.

en Asie centrale »[54]. L'historien s'emploie à préciser le sens de la métaphore du fromage et des vers et à en repérer autant que faire se peut l'origine, avant de retracer les conditions de sa transmission jusqu'à Menocchio – ou d'en évoquer le traçage, de baliser le chemin pour de futures investigations :

dans le cas de Menocchio, il est impossible de ne pas penser à une transmission directe – une transmission orale, de génération en génération. Cette hypothèse apparaîtra moins incroyable si l'on pense à la diffusion, dans ces mêmes années et justement dans le Frioul, d'un culte de fond chamanique comme celui des *benandanti*. C'est sur ce terrain, encore presque inexploré, des rapports et des migrations culturelles que se greffe la cosmogonie de Menocchio[55].

« Avec une terminologie imprégnée de christianisme, de néoplatonisme, de philosophie scolastique – écrit encore Ginzburg –, Menocchio cherchait à exprimer le matérialisme élémentaire, instinctif, de générations et de générations de paysans »[56]. On comprend alors que les contradictions tiennent moins à l'insuffisante maîtrise, de la part de Menocchio, de ces différents types de philosophèmes (insuffisance cependant inévitable compte tenu de ses conditions d'accès aux textes, de sa lecture des textes) qu'à la difficulté à concilier ces lectures ou cette « imprégnation » philosophique avec le fond matérialiste de sa pensée. Quant à ce fond, il semble qu'il soit lui-même assez puissant aux yeux de Menocchio pour s'imposer à lui avec évidence. Il ne cesse d'y revenir, d'y puiser de nouvelles forces et de nouveaux arguments lorsque des objections lui sont faites. Comment toutefois exprimer ce fond dans des termes chrétiens, platonisants ou néo-platonisants, dans tous les cas idéalistes, dont on n'est pas maître, et qui présentent l'inconvénient de fort mal s'ajuster aux thèses, matérialistes, qu'il s'agit de défendre ? Telle est la gageure. Et là est sans doute la racine d'indépassables contradictions, plus que dans les « opinions » ou dans le « cerveau » même de Menocchio.

L'histoire nous renseigne ainsi sur l'existence d'un courant profond de culture populaire, culture traditionnelle qui, parce qu'elle est orale, n'a pas laissé de traces textuelles, en tout cas pas d'autres traces que celles que l'on trouve dans les propos de Menocchio consignés dans les minutes de ses procès. On pourrait être tenté de pointer ici une contradiction, non pas chez le meunier, mais chez son lecteur historien. Devant les contradictions de Menocchio, celui-ci fait appel à un fond de croyance en vue de justifier la teneur du propos. Mais lorsqu'il s'agit de justifier ce fond, il ne peut guère que renvoyer à ce propos, qui est la seule trace de son existence. Comment échapper ici au soupçon de circularité ?

Pour y échapper, il faudra étendre la base documentaire, appliquer à une foule d'autres données le paradigme indiciaire. Les étapes de cette application qui est une extension seront fournies par des enquêtes comparatistes à la visée morphologique de plus en plus marquée de *I Benandanti* à *Storia notturna* – dont les traductions françaises sous les titres respectifs des *Batailles nocturnes* et du *Sabbat des sorcières* révèlent la continuité d'inspiration, l'unité d'ambition

▨ 54. *Ibid.*, p. XXXII.
▨ 55. *Ibid.*, p. 125-126.
▨ 56. *Ibid.*, p. 131.

démonstrative. Au terme du parcours historico-critique et au cœur des conclusions morphologiques de ces recherches, la thèse – « parfois critiqué[e] avec âpreté »[57] – de la survivance jusqu'au XVIe siècle d'un substrat chamanique eurasien aiderait à fonder l'harmonie matérielle du paysan avec son milieu, la défense et illustration du matérialisme de Menocchio. Mais au fond, Ginzburg est sans doute davantage attaché à l'idée d'un « matérialisme paysan », qui, si elle est plus vague que l'hypothèse d'un substrat chamanique eurasien, est aussi plus large, et permet de rendre compte des positions de Menocchio. La défense d'un tel matérialisme représente une constante, elle est la marque de la cohérence théorique ou méthodologique de Ginzburg, par-delà la grande variété des thèmes ou des thèses qu'il a abordés.

> Une foule de Menocchio a existé, et elle a pensé.

Dans l'Avant-propos daté de 2009-2011 donné à la réédition du *Fromage et les vers*, l'historien reproduit précisément la critique « âpre » que lui a adressée l'anthropologue Valerio Valeri, qui lui attribuait un « fanatisme populiste, une idée romantique du caractère collectif, spontané et immémorial de la "tradition populaire" »[58]. Il affirme que les rapports entre ses choix historiographiques et son populisme remontent en grande partie à son enfance : son père Leone Ginzburg, Russe émigré en Italie, connaissait bien les populistes russes des années 1860-1880. Puis il admet que ses « tendances » l'ont conduit à des « erreurs » et des « exagérations ». Il n'entend pas revenir sur les erreurs, et précise que les exagérations font partie intégrante des progrès d'une recherche. Mais il ajoute que l'« analyse des mécanismes de lecture » de Menocchio résulte elle-même d'une « option populiste » : « celle qui consistait à penser qu'il était juste de reconstituer les livres lus par un meunier et la façon dont il les avait lus. (Aujourd'hui ce choix paraît aller de soi ; à l'époque il ne l'était pas.) ».

## La corrélation des genres de vie et des genres de connaissance

Nous permettra-t-on cependant d'être encore « perplexe », en une attitude que Ginzburg dit avoir lui-même adoptée ? Car on peut se demander si, au-delà de la comparaison de la pensée de Menocchio et d'un vieux fond chamanique qui se serait transmis jusqu'à lui par la culture orale, il n'aurait pas été possible d'insister sur l'activation continuée de certains schèmes et de certains thèmes dans les traditions paysannes occidentales. Nous n'entreprendrons pas ici une critique de l'idée d'une transmission du fond chamanique. Seule la question des dispositions mentales corrélatives des genres de vie traditionnels retiendra notre attention. En avouant un tel intérêt, s'expose-t-on au reproche de « fanatisme populiste », comme si l'on défendait

CAHIERS PHILOSOPHIQUES ▶ n° 168 / 1er trimestre 2022

---

■ 57. C. Ginzburg, « Medaglie e conchiglie : ancora su morfologia e storia », postface à la seconde édition italienne du *Sabbat des sorcières, Storia notturna. Una decifrazione del sabba*, Milano, Adelphi, 2017, p. 347. La formule est citée et traduite par Giordana Charuty dans « Actualités de *Storia notturna* », *L'Homme* 230, 2019, p. 134.
■ 58. C. Ginzburg, *Le fromage et les vers, op. cit.*, p. XXXII-XXXIII.

« une idée romantique du caractère collectif, spontané et immémorial de la "tradition populaire" » ? Après Valeri, d'autres chercheurs ont affirmé qu'il n'y a pas un « commencement de preuve » de l'existence d'une religion paysanne pré-chrétienne qui serait liée au cycle de la nature et indifférente aux dogmes et aux rituels[59]. Enfin, d'autres encore sont demeurés sceptiques face à la thèse d'un matérialisme propre à la culture paysanne, dans lequel le naturel et le surnaturel s'excluraient réciproquement[60].

Précisons qu'il n'est pas dans nos intentions d'identifier la source des croyances matérialistes de Menocchio en nous attachant à un « inconscient collectif », à une nature humaine ou à quelque autre substructure mentale universelle. Ginzburg lui-même réfute en ouverture, puis chemin faisant, les amalgames et les désastreuses facilités auxquelles on s'expose en parlant, avec Lucien Febvre de « mentalité collective », avec Carl Gustav Jung ou Mircea Eliade d'« archétypes inconscients »[61]. Il se pourrait cependant que de telles croyances matérialistes existent, et qu'elles existent depuis fort longtemps, mais que cette durée se laisse dériver de données très terre-à-terre, pour peu qu'on se rapporte à l'insertion des vivants dans leur milieu, aux conditions d'existence des groupes humains à la surface de la terre. On aurait alors affaire à d'autres traces voire à d'autres types de preuves de la transmission des conceptions parvenues jusqu'au cerveau de Menocchio.

Dans l'entretien sur son livre *Les batailles nocturnes* avec Charuty et Fabre, Ginzburg déclara avoir voulu faire coïncider la ponctualité des procès en sorcellerie et en hérésie du XVIe siècle et l'épaisseur d'une longue durée dont la découverte chez Fernand Braudel l'avait enthousiasmé : « oui : c'est justement ça, c'est vraiment le problème, je veux aller dans cette voie de recherche », à savoir « sur le terrain de l'intersection entre mouvements longs et mouvements brefs, entre structures et vécus individuels, si vous voulez ». Il s'agissait de montrer que « des phénomènes à première vue immobiles changent en effet … »[62]. La discipline historienne est moins endettée à l'égard des autres sciences sociales qu'on ne le dit habituellement, qu'on ne le disait en France notamment au temps du structuralisme triomphant. C'est elle qui apporterait à ces sciences du nouveau, en montrant comment du changement a pu émerger sur fond d'immobilités, de longue durée, d'héritages archaïques.

Il se trouve que, avant Ginzburg, un des fondateurs de l'ethnologie française, le très controversé André Varagnac (il se compromit sous Vichy), avait relevé la nécessité d'historiciser le matériau de l'ethnologie, en identifiant dans le folklore populaire le produit d'une histoire millénaire voire multimillénaire. Contes et comptines seraient le résidu actuel d'idéations très anciennes, et requerraient la fondation d'une science nouvelle susceptible d'en retracer le devenir et les métamorphoses à travers les siècles. Varagnac proposait de

▓ 59. Critique formulée par Charles Phytian-Adams dans *Social History* VII, 1982, p. 213-215, également présente chez H. C. Erik Midelfort, dans *Catholic Historical Review* LXVIII, 1982, p. 51-90. Pour ces références comme pour les suivantes, voir la présentation par Jean Boutier et Philippe Boutry du « conflit des interprétations » suscité par *Le fromage et le vers*, dans « L'invention historiographique », *Enquête* 3, 1996, p. 165-176.
▓ 60. Analyse due à François Billacois, dans *Annales ESC* XXXVI, 1981, p. 213-215.
▓ 61. C. Ginzburg, *Le fromage et les vers*, op. cit., p. 25-27, 125.
▓ 62. *Infra*, « Les introuvables des Cahiers », p. 103.

nommer cette science « archéo-civilisation » et reconnaissait dans la thèse braudélienne de la « longue durée » une conception parente de la sienne[63].

Mais par-delà l'ancrage historique du folklore, Varagnac en appelait à un empirisme des consécutions d'idées dans les civilisations traditionnelles. La postulation archéo-civilisationnelle n'était pas seulement affaire de vestiges archéologiques, comme si les monuments étaient préférés aux documents ou prenaient leur relais (faute de traces textuelles, on se fierait aux traces matérielles). Elle était aussi et surtout l'objet d'analyses psycho-physiologiques ou psychobiologiques : l'historien ethnologue doit étudier le type de pensée qui germe « dans un cerveau » en fonction de l'activité physique à laquelle se livre le corps en situation. La nature des visions ou des conceptions qui viennent à l'esprit dépend des relations qu'un individu ou qu'une communauté entretient avec la nature environnante. Des genres de connaissance originaux se développent par le biais des types d'actions spécifiques qui s'enchaînent dans les milieux de vie humains et naturels. Par son souci de la mise en corrélation des genres de vie et des genres de connaissance traditionnels, l'anthropologie psychobiologique de Varagnac peut aider à fonder le matérialisme radical que Ginzburg repérait dans la cosmogonie de Menocchio. Pour comprendre comment Menocchio en est venu à concevoir son étrange conception du monde, on interrogera la situation du meunier, on rapportera ses ruminations au rythme de la meule, aux mouvements des pales du moulin, à l'isolement dudit moulin par rapport au bourg, etc.

On n'ira pas croire à un déterminisme strict des idées par le milieu. On est plutôt confronté à un « possibilisme » au sens où l'entendait l'historien fondateur de l'École des Annales Lucien Febvre, dont Varagnac était proche : « Des nécessités nulle part. Des possibilités partout »[64]. Les dires du meunier dérivent sans nécessité de ses conditions concrètes d'existence, ils sont le produit de ce que Menocchio a fait de ce que son milieu a fait de lui. On dira qu'une telle formulation a des accents existentialistes, et ce n'est pas étonnant : Sartre ayant lu les historiens des Annales, le rapprochement n'est pas hors de propos[65]. Avec Varagnac néanmoins, lui-même proche de Febvre et de Bloch, tout se passe comme si l'existentialisme était ramené à un terreau psychobiologique que Sartre avait envisagé un temps, mais dont il s'était détourné pour se confier à l'abstraction phénoménologique. Devenir philosophe passait en effet pour Sartre par l'arrachement à la positivité des sciences psychologiques auxquelles il avait d'abord été formé : élans affectifs et mouvements corporels apparaissaient dans le Diplôme de fin d'études de 1927 de l'apprenti philosophe comme les « éléments » de la « synthèse » spirituelle qui a pour nom « image » ; au seuil de l'ouvrage de la « psychologie phénoménologique de l'image » de 1940, ils régressent au rang de simple « analogon » en vue de l'actualisation des images dès lors qu'a été

■ 63. A. Varagnac, *La conquête des énergies*, Paris, Hachette, 1972, p. 165, 172, 189-190. Ginzburg connaît l'œuvre de Varagnac, qu'il cite à propos de la constitution de la classe d'âge des morts dans les communautés villageoises traditionnelles en Europe (C. Ginzburg, *Le sabbat des sorcières* [1989], trad. fr. M. Aymard, Paris, Gallimard, 1992, p. 345).

■ 64. L. Febvre (avec le concours de L. Bataillon), *La terre et l'évolution humaine. Introduction géographique à l'histoire* [1922], Paris, Albin Michel, 1970, p. 257.

■ 65. J.-P. Sartre, *Critique de la raison dialectique, op. cit.*, p. 218, 381, 743.

affirmée la « structure intentionnelle de l'image », c'est-à-dire l'autonomie conscientielle des visées imageantes vis-à-vis du corps et de l'affectivité[66]. La tentative d'arrachement à la psychobiologie nous paraît cependant vaine, sinon du point du vue de l'existentialisme de Sartre, du moins au regard d'un existentialisme de la connaissance : celui-ci n'est pas séparable d'un ancrage psychobiologique ; et même, il n'est pas de meilleure façon de le fonder que de le « naturaliser » de la sorte.

On ne saurait trop insister sur le rôle joué par l'imagination dans la corrélation des types d'activités humaines et du style des idées qui naissent dans les cerveaux. Varagnac va jusqu'à parler d'un « usage en quelque sorte *cognitif* de l'imagination ». Dans les traditions populaires, le souci des événements débouche sur des filières d'événements (les Parques filaient les destinées), puis sur des mises en histoire qui relient le particulier au particulier. Dans ces conditions, il ne faut pas hésiter à identifier une fonction psychologique spéciale, une « *fonction de l'idéal* », qui s'ajoute à la « fonction du réel » définie par les psychologues comme attention toute empirique aux résistances de la matière. L'histoire particularise certes, mais elle cristallise aussi, et Varagnac insiste sur les éléments de généralité, les thèmes ou les formes qui se dégagent et voyagent, tout en étant articulation de singularités. L'ensemble des « tendances schématisées » par les récits forme toute une « sagesse implicite » qu'il importe à l'ethnographe des sociétés traditionnelles de dégager[67].

Revenons maintenant au *Fromage et les vers*, et attachons-nous à cette remarque de Ginzburg :

> C'est ainsi qu'il [Menocchio] a vécu à la première personne le saut historique de portée incalculable qui sépare le langage ponctué de gestes, de grognements et de cris de la culture orale de celui, privé d'intonation et cristallisé sur la page, de la culture écrite. L'un est presque un prolongement du corps, l'autre est une « chose mentale ». La victoire de la culture écrite sur la culture orale a été, avant tout, une victoire de l'abstraction sur l'empirisme[68].

On est là très proche de Varagnac, si toutefois on accepte d'apporter quelques précisions à la thèse défendue par Ginzburg. Varagnac est préoccupé du passage des gestes au langage, ou du langage corporel au langage verbal, ce langage qui, à terme, se cristallisera sur la page, dans la culture écrite. Varagnac non seulement croit à un prolongement du corps dans les grognements et les cris de la culture orale, mais il voit même la culture écrite comme un prolongement de cette culture orale et donc, médiatement, des premiers gestes et des premiers mouvements du corps. Qu'il y ait finalement victoire de l'abstraction sur l'empirisme ne fait aucun doute, mais l'abstraction naît de l'expérience même. Pour le reste, il faut convenir avec Ginzburg que

66. J.-P. Sartre, « L'image dans la vie psychologique : rôle et nature », *Études sartriennes*, « Sartre inédit : le mémoire de fin d'études (1927) », 2018, n°22, p. 43-246 ; *L'imaginaire*, Paris, Gallimard, 1940.
67. A. Varagnac, *Civilisation traditionnelle et genres de vie, op. cit.*, p. 350-353, p. 367-368.
68. C. Ginzburg, *Le fromage et les vers, op. cit.*, p. 126-127. Sur le passage de l'oralité à l'écriture, voir aussi « Traces. Racines d'un paradigme indiciaire » [1979], *Mythes, emblèmes, traces. Morphologie et histoire* [1986], trad. fr. M. Aymard *et al.* revue par M. Rueff, Lagrasse, Verdier, 2010, p. 252-254, 272.

« c'est dans la possibilité de s'émanciper des situations particulières que se trouve la racine du lien qui a toujours uni, de façon inextricable, l'écriture et le pouvoir ». L'affinité ou la convergence entre l'écriture et le pouvoir est indéniable, on en trouverait la confirmation en se tournant vers le contemporain de Varagnac Claude Lévi-Strauss, lequel ramena dans ses bagages d'Amazonie une « leçon d'écriture » qui allait dans le même sens : l'écriture confère un pouvoir à celui qui la pratique ou la met en scène, et il se pourrait que tout pouvoir ait émergé sur fond d'écriture[69].

Mais quoi qu'il en soit de ces conclusions d'anthropologie politique, soulignons un dernier point ayant trait à l'anthropologie du corps. Procéder à la dérivation psychobiologique de l'abstraction, faire dépendre la production des idées de l'expérience concrète des corps, ce n'est pas rapporter les pensées à quelque nature, qu'on distinguera de la culture, en particulier des livres et de la haute culture. La haute culture aussi implique des postures, et une certaine nature des mouvements corporels, de leur situation et de leurs évolutions dans l'espace : comment lit-on, comment écrit-on ? assis, couché, debout ? arc-bouté, la vue dégagée, l'horizon bouché ? Inversement, la « nature » du meunier n'est jamais sans culture, le moulin lui-même étant un héritage culturel, résultat de transferts d'idées et de techniques depuis le Moyen Orient. Enfin, le meunier en son moulin n'est jamais dissociable de certaines attitudes sociales. Le moulin, comme le dit bien Ginzburg, est isolé du village ou du bourg, sur une colline, à l'écart et cependant fréquenté par tous :

> Les conditions mêmes de leur travail faisaient des meuniers, comme des aubergistes, des taverniers et des artisans itinérants, un groupe professionnel tendanciellement ouvert aux idées nouvelles et porté à les diffuser. En outre, les moulins, situés généralement hors du village, loin des regards indiscrets, étaient très adaptés pour accueillir des rassemblements clandestins[70].

Le moulin est un lieu de passage obligé pour qui veut faire moudre son blé afin de faire cuire son pain ; un lieu, par conséquent, d'échanges et de discussions, moins soumis aux contraintes mentales ou discursives de la cité, alors même que toute la cité y converge ou y transite. Bref, c'est un espace naturel, social et culturel à la fois.

Où vit et où travaille un meunier ? Quelle est sa place dans la communauté villageoise, et quels territoires arpente-t-il au jour le jour ? Dans ces lieux, quels individus rencontre-t-il ? Enfin, quelles lectures fait-il, s'il en fait, et dans quelles dispositions d'esprit les fait-il, préparées par quels gestes accomplis dans son labeur ? Les réponses à ces questions n'ont certainement rien d'évident compte tenu de l'insuffisance des documents ou de la ténuité des traces sur lesquels peuvent s'appuyer l'historien et l'ethnographe. Mais à défaut de réponses, l'analyse microhistorienne des éléments du procès d'un meunier ouvre l'espace de telles interrogations. Elles sont essentielles à qui entend élargir les assises de l'épistémologie. Le théoricien de la connaissance se doit

---

■ 69. C. Lévi-Strauss, *Tristes tropiques* [1955], Paris, Presses Pocket, 1984, p. 347-360.
■ 70. C. Ginzburg, *Le fromage et les vers, op. cit.*, p. 223.

de les affronter s'il veut être juste avec ses objets, en l'occurrence avec des sujets qui vivent et qui pensent, qui ne peuvent pas ne pas penser en vivant.

## Menocchio, praticien d'une science indiciaire ?

Varagnac insistait sur les conditions d'une anthropisation différenciée, en fonction de la différence des « techniques du corps » – selon l'heureuse expression de Marcel Mauss – mises en branle par les agents dans leur rapport à l'environnement. Deux grands types d'activités mentales correspondaient selon lui aux deux types d'activités physiques en lesquelles se répartissent essentiellement les pratiques dans les sociétés traditionnelles, l'action rapide du type de la chasse d'une part, le labeur dur et répétitif d'autre part. Or, une différence de travail idéatif résulte de cette dualité. Dans le premier cas, l'attention est constamment orientée vers le dehors, l'homme d'action étant toujours aux aguets. La lutte tourne ici au duel, et l'individu en vient à personnaliser les forces matérielles auxquelles il s'affronte. Dans cette individuation des forces de la nature se trouve sans doute la source du polythéisme, l'affirmation selon laquelle « il y a des dieux ». L'attente elle-même suscite une virtualité de présence, précise Varagnac[71]. La situation est fort différente avec le travail répétitif. Là importe le rythme corporel. Le corps fournit la force musculaire qui doit produire le mouvement. Or, le corps est un moteur à deux temps (poumons, corps). Il faut se concentrer sur la coordination motrice de ses membres, le rythme de sa respiration, harmoniser ses mouvements avec ceux de ses camarades. Il manque, juge Varagnac en 1948, une analyse scientifique du rythme entretenu sur l'aire de battage ou à travers la frappe du forgeron. Dans de telles circonstances, l'attention n'est plus portée au dehors, mais bien au-dedans, l'esprit se perdant en rêveries métaphysiques : idéation supraterrestre, salut de notre âme, etc.[72].

À peu de choses près, ne reconnaît-on pas dans ces conceptions la description par Ginzburg lui-même de la genèse du paradigme indiciaire ? « Pendant des millénaires – explique l'historien – l'homme a été un chasseur ». Or, confronté à d'invisibles proies, il a appris à déchiffrer le moindre indice laissé par leur passage, « des branches cassées, des boulettes de déjection, des touffes de poils, des plumes enchevêtrées et des odeurs stagnantes ». À partir d'infinitésimales traces sensibles, il en est venu à développer d'extraordinaires capacités cognitives : « Il a appris à accomplir des opérations mentales complexes avec une rapidité foudroyante, dans l'épaisseur d'un fourré ou dans une clairière pleine d'embûches »[73], opérations de lecture ou de déchiffrage, d'interprétation et de déduction.

Là aussi, on assiste à la naissance d'un genre original de connaissance, à partir de conditions d'existence et d'un milieu de vie singuliers, à travers un type d'activité particulier. Là aussi se signale un legs ancestral dont nous n'avons plus idée, que Varagnac retrouve dans les gestes des individus composant les communautés traditionnelles, dont Ginzburg retrouve la trace

■ 71. A. Varagnac, *Civilisation traditionnelle et genres de vie, op. cit.*, p. 322-323.
■ 72. *Ibid.*, p. 331-334, p. 343.
■ 73. C. Ginzburg, « Traces. Racines d'un paradigme indiciaire », art. cit., p. 233.

dans les fables. Celles-ci, écrit Ginzburg, « nous transmettent parfois un écho, même tardif ou déformé, de ce savoir des chasseurs d'autrefois »[74]. Soit la fable née en Orient des trois frères confrontés à un homme qui a perdu son chameau : ils s'avèrent capables de le décrire dans les moindres détails, après avoir induit les caractéristiques de l'animal d'« indices insignifiants » à d'autres yeux et à d'autres intelligences que les leurs. Le modèle ou le type de la fable s'est transmis continûment jusqu'à Voltaire, dont le Zadig était en mesure de « tracer le portrait de deux animaux qu'il n'avait jamais vus »[75]. Varagnac n'a pas manqué l'importance de la fable, mais il la conçoit comme l'*effet* même de l'activité, alors qu'elle *témoigne* de l'activité pour Ginzburg. Selon l'historien, la fable, ce document historique, nous *informe* sur la nature de l'intelligence des signes et sur sa valeur aux yeux des communautés du passé, tandis que, pour le folkloriste, elle est le *produit* même de cette intelligence.

Dans *Le fromage et les vers*, Ginzburg s'est attaché au cas Menocchio. À partir de ce cas, mais aussi d'autres cas, il a été conduit, notamment dans les articles repris dans *Mythes, emblèmes, traces*, à réfléchir à ce qu'est un cas, à s'interroger sur l'écriture de l'histoire et sur le genre de scientificité qui est le sien. D'abord, par son attachement à l'individuel et au qualitatif, la scientificité de l'histoire lui est apparue différente du modèle des sciences de la nature promu depuis la révolution galiléenne. L'histoire est une connaissance scientifique, « mais d'une scientificité qui restait à définir »[76]. Ginzburg montre que sa définition passe par l'appréhension d'un paradigme indiciaire, qui ne répond pas du tout au « critère de scientificité que l'on peut déduire du paradigme galiléen ». Les disciplines indiciaires sont « éminemment qualitatives », elles « ont pour objet des cas, des situations et des documents individuels, *en tant qu'individuels* »[77]. Or « la connaissance qui tend à individualiser est toujours anthropocentrique, ethnocentrique », et de ce point de vue elle s'oppose à la science galiléenne de la nature, dont « l'orientation est tendanciellement anti-anthropocentrique et anti-anthropomorphique »[78].

Incontestablement, le cas Menocchio a joué un rôle décisif dans la prise de conscience de l'importance des cas pour une science indiciaire telle que l'histoire, et sans doute même pour la compréhension de l'histoire comme science indiciaire. En 2005, Ginzburg est revenu sur sa conception du cas, dans le droit fil de réflexions décisives sur la preuve et la série en histoire. Il rappelle qu'on lui a reproché d'avoir trop insisté sur un cas aussi peu normal que Menocchio. Pourtant, répond-il, la figure de Menocchio a beau avoir un « caractère exceptionnel », son comportement peut être rattaché à des « phénomènes plus généraux ». Et non seulement il n'est pas impossible de passer du cas isolé, même « anomal », à la généralisation, mais, bien plus, « un cas bien choisi et étudié en profondeur suffit à jeter les bases d'une réflexion théorique »[79].

74. C. Ginzburg, « Traces. Racines d'un paradigme indiciaire », art. cit., p. 242.
75. *Ibid.*, p. 275.
76. *Ibid.*, p. 265.
77. *Ibid.*, p. 250.
78. *Ibid.*, p. 266, p. 255.
79. C. Ginzburg, « Postface. Réflexions sur une hypothèse », *ibid.*, p. 359, 361.

La lecture du cas Menocchio inspirée de Varagnac est légèrement différente, et elle se révèle instructive par sa différence même, sans s'écarter pour autant des attendus indiciaires de l'épistémologie ginzburgienne de l'histoire. Dans cette perspective, le cas Menocchio fournit une preuve historique directe de l'invention du paradigme indiciaire, de ce modèle qui met les cas au centre de la démarche de la science historique. Dans *Le fromage et les vers*, on assiste en effet à l'apparition d'une connaissance originale du monde, on est conduit à s'interroger sur l'émergence des mouvements idéatifs de Menocchio à partir de ses mouvements corporels, on prend conscience de l'attention qu'il porte aux événements qui l'entourent compte tenu de l'intelligence qui est la sienne. On comprend alors comment un meunier en vient à développer une conception singulière de l'univers, à la façon d'un chasseur, c'est-à-dire comme lui quoique différemment de lui, en fonction des activités physiques et mentales qui lui sont propres.

**Frédéric Fruteau de Laclos**
Université Paris 1 Panthéon-Sorbonne
HIPHIMO, E. A. 1451

# Ginzburg et les croyances

## COMMENT L'HÉTÉRODOXIE EST-ELLE POSSIBLE ?

## Remarques sur le cas Menocchio

Christophe Grellard

Le procès du meunier hétérodoxe Menocchio dont les positions panthéistes, anti-ecclésiologiques et matérialistes amenèrent à sa condamnation à mort par l'Inquisition, donne à voir les mutations des formes de la croyance religieuse au tournant du Moyen Âge et de la Modernité. L'accès à « l'univers d'un meunier au XVIe siècle » présenté dans *Le Fromage et les vers* renseigne sur les conditions de production de l'hétérodoxie, conditions qui sont historiques, sociales, culturelles et intellectuelles. Les conditions de production de la croyance peuvent ainsi apparaître : leur dimension profondément historique échappe à une analyse strictement philosophique d'une épistémologie de la croyance et rend nécessaire une anthropologie des croyances.

C omment l'hétérodoxie[1] est-elle possible ? Comment un individu peut-il, intellectuellement et socialement, développer des opinions en opposition à la pensée dominante dans la société à laquelle il appartient ? Même dans nos sociétés libérales contemporaines, supposées être des « sociétés ouvertes », la question peut se poser. Elle se pose avec plus d'acuité encore dans des sociétés segmentaires fortement hiérarchisées, ou dans des sociétés où une institution

---

1. J'entends par hétérodoxie, tout écart par rapport à une norme, principalement religieuse. Il s'agit d'une déviance qui se situe d'abord au niveau des croyances, du dogme, même si elle peut entraîner un écart au niveau des pratiques (une hétéropraxie). Dans le cas qui va nous occuper dans cet article, il s'agit donc d'une remise en cause des dogmes fondamentaux de la religion chrétienne, à un niveau théorique. L'hérésie est un cas particulier d'hétérodoxie, qui suppose une qualification juridique et théologique par les représentants d'une Église, qui identifient non seulement l'erreur dogmatique (l'hétérodoxie au sens large) mais également l'obstination à soutenir cette erreur (puisque c'est l'obstination, ou la pertinacité, qui fait l'hérétique). En un sens, on peut dire que, une fois condamné par le tribunal de l'Inquisition, Menocchio est, de fait, hérétique. En général, cependant, on considère l'hérésie comme un mouvement collectif (ce qui explique l'acharnement des inquisiteurs à trouver les complices aux hérétiques). Pour une introduction à la question de l'hérésie et de l'Inquisition au Moyen Âge, voir H. Maisonneuve, *Études sur les origines de l'Inquisition*, Paris, Vrin, 1960.

est en charge des principaux rites de passage, et encadre une part importante des attitudes et formes de vie quotidiennes, comme le fait l'Église dans la société médiévale. Sans revenir nécessairement à l'idée d'une « société de persécution »[2], il est certain que la forme très particulière du christianisme médiéval contribue à donner à la société médiévale une physionomie propre. De fait, on peut caractériser le christianisme médiéval comme une religion aléthique, sotériologique et universaliste. C'est une religion qui vise le salut individuel de ses membres à travers l'adhésion explicite à un ensemble de vérités, dont une institution particulière est la garante, et qui veut faire en sorte que tous les hommes soient, sinon sauvés, du moins mis en condition de l'être, y compris, sous la contrainte, si nécessaire. L'importance de la dimension aléthique des religions, et la rupture qu'elle introduit, avait été notée par Jan Assman, à travers l'idée de « distinction mosaïque »[3]. Mais cette rupture est encore plus forte quand la vérité se trouve associée à l'idée de salut et d'universalité. La dimension exclusiviste de la religion chrétienne vient de la combinaison de ces trois facteurs : tous les hommes peuvent et doivent s'efforcer de faire leur salut en adhérant à une vérité dont cette religion (et l'institution qui la représente) est la seule dépositaire[4]. Dans un tel cadre, il ne peut pas y avoir de place pour l'hétérodoxie, précisément parce que les croyances déviantes s'opposent à la nature même de la religion chrétienne médiévale. Il ne fait pourtant pas de doute que tout au long du Moyen Âge, l'orthodoxie a côtoyé, voire produit, malgré elle, des formes variées d'hétérodoxie, rejetées comme autant d'opinions fausses (et non comme des formes de foi). En un sens, toute orthodoxie est vouée à engendrer la contestation de sa prétention exclusive au vrai, et à chercher à encadrer cette contestation et à la réprimer. Il faut qu'apparaisse un ensemble de facteurs intellectuels, culturels et sociaux, pour que l'orthodoxie soit suffisamment relativisée et fasse une place aux hétérodoxies comme des croyances autres recevables. La reconnaissance de l'altérité religieuse requiert, entre autres facteurs, que soit supprimé, ou au moins suspendu, le lien entre salut et vérité.

Le cas de Menocchio, ce meunier frioulan arrêté, interrogé, et finalement exécuté par l'Inquisition, nous renseigne, directement et indirectement, sur les mutations des formes de la croyance religieuse qui se produisent au tournant du Moyen Âge et de la Modernité, et à la fois sur les conditions de production de l'hétérodoxie et sur les conditions de son expansion au-delà d'un cercle restreint. Il permet de mesurer l'inertie à long terme de certaines structures du christianisme médiéval, ainsi que les conditions de leur affaiblissement. L'enjeu est donc d'identifier les facteurs historiques, d'ordre social, culturel et intellectuel, qui sont à l'œuvre implicitement dans toute épistémologie de la croyance, et qui échappent à une analyse qui oublierait les conditions de production de la croyance et leur dimension profondément historique. Cette

---

■ 2. L'expression a été forgée et brillamment défendue par R. Moore, *La Persécution. Sa formation en Europe. Xe-XIIIe siècle*, trad. fr. C. Malamoud, Paris, Les Belles Lettres, 1991.

■ 3. J. Assmann, *Violence et monothéisme*, trad. fr. J. Schmutz, Paris, Bayard, 2004 ; sur le lien entre prétention exclusive à la vérité et violence religieuse, voir P. Athanassiadi, *Vers la pensée unique. La montée de l'intolérance dans l'Antiquité tardive*, Paris, Les Belles Lettres, 2010.

■ 4. Voir B. Sesboüé, *Hors de l'Église pas de salut. Histoire d'une formule et problèmes d'interprétation*, Paris, Desclée de Brouwer, 2004.

étude de cas prend place dans le cadre d'un projet théorique plus large qui vise à renouveler notre conception de la croyance, en lui restituant sa dimension historique, et en identifiant les transformations qu'elle a subies à travers un aller-retour entre les normes qu'elle prescrit et les pratiques qu'elle informe[5]. Les analyses qui suivent reposent sur le principe selon lequel la croyance n'est pas (ou pas seulement) un concept descriptif qui rend compte de certains de nos états mentaux mais aussi un concept normatif qui encadre nos actions, notamment sociales. À ce titre, l'hétérodoxie, en tant que cas limite, permet d'identifier plus précisément certaines des transformations historiques à l'œuvre à un moment donné. Le but est donc de penser le concept de croyance d'un point de vue philosophique et anthropologique à partir du cas Menocchio, et des analyses que Carlo Ginzburg en a données.

## Remarques préliminaires sur *Le fromage et les vers*

Sans reprendre en détail le contenu d'un livre qui est devenu un classique de l'histoire culturelle et religieuse, il faut, au préalable, en rappeler certains aspects nécessaires à la compréhension de mon propos. Je ne reviendrai pas sur l'architecture formelle de l'ouvrage (construit en 62 chapitres plus ou moins brefs, de quelques dizaines de lignes à plusieurs pages). Il y a un art d'écrire, revendiqué comme tel, mais dont l'analyse nous entraînerait trop loin[6]. Sur le fond, l'ouvrage analyse la vision du monde d'un meunier frioulan du XVIe siècle, qui nous est connu par les archives de l'Inquisition. En effet, suite à sa dénonciation par son curé (avec qui il était en conflit), Menocchio comparaît deux fois devant l'Inquisition pour ses idées hétérodoxes ; il est condamné une première fois en 1584, et la deuxième fois, déclaré relaps, il est brûlé vif vers 1599. Tout l'enjeu du livre est de reconstruire, à partir des archives de ces procès, la vision du monde de Menocchio, avec la perspective de retrouver un fragment de la culture paysanne du XVIe siècle (pour atypique ou extraordinaire que puisse être le cas de Menocchio). Comme le précise en effet Carlo Ginzburg, le fait même que Menocchio soit un cas limite permet de circonscrire plus clairement ce qui dans bien des situations reste à l'état de possibilité latente[7]. Il faut bien sûr s'interroger sur ce qui, dans le cas de Menocchio, a permis à ces possibilités de s'actualiser. Ce qui le singularise par rapport à la classe sociale dont il est issu (outre son statut de meunier, qui le situe à la marge physique de la communauté paysanne tout en le

5. J'ai esquissé les bases de ce projet dans Chr. Grellard, « Les ambiguïtés de la croyance. À la recherche d'une anthropologie comparée de la croyance », *Socio-anthropologie* 36, 2017, p. 75-89. La typologie des croyances que j'y propose vise surtout à relativiser (d'un point de vue historique) l'importance, voire l'exclusivité, accordée à la croyance comme adhésion plus ou moins convaincue à une représentation (l'acte de croyance judicative) en faisant droit à d'autres formes de la croyance organisées autour d'un noyau dur, à savoir la croyance comme disposition à agir. Je prépare actuellement un ouvrage de synthèse sur la question.

6. Voir sur ce point I. Löwy, « Carlo C. Ginzburg : Le genre caché de la micro-histoire », dans D. Chabaud-Rychter, V. Descoutures, E. Varikas, A.-M. Devreux (dir.) *Sous les sciences sociales, le genre*, Paris, La Découverte, 2010, p. 177-189 ; B. Boulay, « Un nouveau discours de l'histoire », *Critique* 6-7, 2011, p. 553-563.

7. C. Ginzburg, *Le fromage et les vers*, Paris, Aubier, 2014, p. 22 : « En conclusion, même un cas limite – et Menocchio en est certainement un – peut se révéler représentatif. Soit négativement – car il aide à préciser ce qu'il faut entendre, dans une situation donnée, par "statistiquement le plus fréquent". Soit positivement – car il permet de circonscrire les possibilités latentes de quelque chose (la culture populaire) qui ne nous est connu qu'à travers une documentation fragmentaire et déformée, provenant presque intégralement des "archives de la répression" ».

mettant en contact régulier avec elle[8]), c'est non seulement sa capacité à lire (et à écrire) mais surtout son appétit démesuré de lecture et son rapport actif au livre, de telle sorte que tout ce qu'il lit est mis au travail et réinvesti dans une démarche de réflexion personnelle[9]. Le deuxième point important et singulier, c'est que Menocchio veut diffuser ses idées : il aurait pu les conserver pour lui, les consigner à l'écrit dans un journal dont on aurait peut-être retrouvé un manuscrit ultérieurement, mais il fallait qu'il discute, débatte et confronte ses idées (« praedicare et dogmatizare non erubescit » disent les inquisiteurs – « Il ne rougit pas de prêcher et de dogmatiser »[10]). D'ailleurs, Menocchio se désole du faible niveau intellectuel de ses congénères et aspire à la confrontation avec un public mieux éduqué. Par conséquent, pour comprendre la vision du monde de Menocchio, il faut appréhender la façon dont des expériences personnelles, ancrées probablement dans des *habitus* paysans[11], sont transformées par le cadre théorique qu'il parvient à reconstruire à partir de ses lectures. Une grande partie du livre de Carlo Ginzburg est donc consacrée aux lectures de Menocchio, c'est-à-dire, bien sûr, au contenu des livres qu'il a lus, mais surtout à la façon dont il les a lus, à sa méthode de lecture qui consiste à ruminer le texte, à le déstructurer pour le reconfigurer[12]. C'est un point important pour Carlo Ginzburg qui s'oppose à une tendance dominante parmi les historiens (du moins dans les années soixante-dix[13]) et qui consiste à considérer l'attitude paysanne face aux cultures savantes comme purement passive et réceptive. Au contraire, le cas Menocchio montre comment la culture savante est mise au service d'expériences propres. Ainsi, par approximations successives, Carlo Ginzburg approfondit les théories de Menocchio pour écarter progressivement les hypothèses d'une influence extérieure (luthérienne, anabaptiste, cathare, averroïste etc.) pour restituer à Menocchio la paternité de son hétérodoxie.

Schématiquement, en quoi consiste cette hétérodoxie ? En premier lieu, il s'agit d'une cosmologie de type panthéiste et matérialiste, fondée sur un principe de perfectionnement continu de l'univers : « Je crois qu'il en a été pour Dieu comme pour les choses de ce monde, qui vont de l'imparfait au parfait »[14]. Dieu est donc créé (sur le modèle de la putréfaction) à partir d'un chaos originel et automoteur[15], mais il se voit ensuite reconnaître une

■ 8. Sur le statut de meunier, voir les études réunies dans M. Mousnier (dir.) *Moulins et Meuniers dans les campagnes européennes (IXe–XVIIIe siècles)*, Toulouse, Presses universitaires du Midi, 2002, et en particulier C. Rivals, « Au carrefour des disciplines, le moulin et le meunier. Un grand sujet d'anthropologie historique », *ibid.*, p. 273-284.

■ 9. Sur les modes d'accès des « classes populaires » au livre imprimé au XVIe siècle voir, R. Chartier, « Lectures et lecteurs "populaires" de la Renaissance à l'âge classique », dans G. Cavallo et R. Chartier (éd.), *Histoire de la lecture dans le monde occidental*, Paris, Seuil, 2001, p. 337-354.

■ 10. C. Ginzburg, *Le fromage…*, p. 36.

■ 11. C. Ginzburg, *Le fromage…*, p. 22 : « Quelques sondages confirment l'existence d'éléments que l'on peut ramener à une culture paysanne commune ».

■ 12. C. Ginzburg, *Le fromage…*, p. XXXIII : « Aucun de mes critiques (à ma connaissance) n'a soulevé de doutes sur mon analyse des mécanismes de lecture de Menocchio, auxquels est consacrée la majeure partie du livre ».

■ 13. Voir par exemple la critique de Robert Mandrou, p. 12-13 (Avant-propos de 1976).

■ 14. C. Ginzburg, *Le fromage…*, p. 120.

■ 15. C. Ginzburg, *Le fromage…*, p. 122 : « L'inquisiteur : Ce que vous appelez Dieu est-il fait et produit par quelqu'un d'autre ? Menocchio : Il n'est pas produit par d'autres mais il reçoit son mouvement du mouvement du chaos et va de l'imparfait au parfait. L'inquisiteur : Et le chaos, qui le mouvait ? Menocchio : Il se mouvait de lui-même ».

forme de prééminence (de majesté, c'est-à-dire une différence de degré plus que de nature) sur les anges et les hommes. Mais en même temps, l'esprit de Dieu (qui est de l'air) est partout et en tout homme. Dieu est donc bien créateur, mais il est aussi créé, et s'il peut créer à son tour, c'est à partir d'une matière préexistante[16]. En second lieu, cette cosmologie est adossée à une anti-ecclésiologie. Tout ce qui relève de l'Église comme institution est rejeté et renvoyé à une forme de manipulation des masses (ils ne veulent pas que nous sachions ce qu'ils savent[17]). Les sacrements sont inefficaces, et la religion se trouve réduite à la morale, l'amour de Dieu et du prochain faisant office d'uniques articles de foi. De la sorte, la forme extérieure du culte importe peu et chacun peut suivre la coutume qui s'impose à lui. Cela suffit pour être sauvé[18]. Certes, la notion de salut n'est pas très claire pour Menocchio, et l'idée de paradis croise parfois l'utopie sociale (même s'il n'y a rien de millénariste chez lui). Cette anti-ecclésiologie, bien plus que la cosmogonie, a des origines livresques tout à fait claires dont Carlo Ginzburg s'efforce de redonner le cadre. Il est tout à fait remarquable que la cosmogonie qui nous paraît absolument stupéfiante ne fut sans doute pas déterminante dans la condamnation de Menocchio. Dans la lettre de soumission qu'il rédige à l'issue du premier procès c'est bien la question des formes du culte qui apparaît comme l'erreur fondamentale. Menocchio fut condamné au mur (à la prison), peine commuée ensuite au port de la croix jaune. Il reprit sa place au sein de sa communauté villageoise (et au-delà), mais fut bientôt de nouveau dénoncé pour des propos à mi-chemin entre l'hétérodoxie et le blasphème, suffisants pour attirer de nouveau sur lui le regard de l'Inquisition, eu égard à son passé d'hérétique. Il fut de nouveau arrêté en 1599, quinze ans après le premier procès. Sur le fond, le second procès n'apportait rien de neuf, mais on le soumit à la torture pour savoir qui étaient ses complices. Finalement déclaré relaps, il fut brûlé vif avant 1601.

## La part médiévale de Menocchio : sur les origines médiévales de l'hétérodoxie moderne

Comme je l'ai dit en introduction, mon but est d'interroger la part médiévale de Menocchio afin d'élucider les différences (de degrés ou de nature) entre les formes médiévales et modernes de l'hétérodoxie, et d'identifier aussi un certain nombre de permanences structurelles par-delà les ruptures. À la sortie du livre de Carlo Ginzburg, à la fin des années soixante-dix et au début des années quatre-vingt (pour les versions anglaise et française), certaines critiques avaient pointé la dimension médiévale et finalement commune des lectures de Menocchio, très en retrait des développements intellectuels les plus récents (Ch. Phythian-Adams, dans son compte rendu de l'ouvrage, parlait de

16. C. Ginzburg, *Le fromage…*, p. 122 : « Je crois que l'on ne peut rien faire sans matière et que Dieu non plus n'aurait rien pu faire sans matière ».

17. C. Ginzburg, *Le fromage…*, p. 37 : « … il ajoutait : "les prêtres nous tiennent tranquille en leur soumission et s'arrangent pour nous faire rester tranquille mais ils se donnent du bon temps"».

18. Voir par exemple, C. Ginzburg, *Le fromage…*, p. 48-49 : « "La majesté de Dieu a donné l'Esprit saint à tous : aux chrétiens, aux hérétiques, aux Turcs, aux juifs, il les aime tous et tous se sauvent d'une manière ou d'une autre". […]. Et abandonnant toute prudence, Menocchio déclara qu'il refusait tous les sacrements, y compris le baptême, comme des inventions des hommes, des "marchandises", des instruments d'exploitation et d'oppression de la part du clergé ».

« cultural time-lag »[19]). Il est sans aucun doute correct de souligner l'origine médiévale de l'hétérodoxie de Menocchio (dans un sens précis sur lequel je reviendrai ultérieurement), mais il est tout à fait exagéré de supposer que ces lectures étaient banales, anodines, voire orthodoxes (même si certaines l'étaient indubitablement). Surtout, l'ensemble de ces approches néglige le fait que Carlo Ginzburg a très clairement indiqué ce que j'appellerai deux « accélérateurs d'hétérodoxie » qui rendent possibles Menocchio, à savoir l'imprimerie et la Réforme[20]. C'est, à mon avis, une remarque essentielle pour penser l'hétérodoxie au tournant du Moyen Âge et de la Renaissance. L'un et l'autre de ces faits historiques signent la fin du monopole de la caste lettrée (les clercs) sur l'accès à la culture[21].

L'imprimerie, de façon évidente, facilite la reproduction et la diffusion à moindre coût de certains ouvrages, non pas des ouvrages hétérodoxes, puisque les livres imprimés (qui doivent trouver un lectorat pour être rentables) sont d'abord des ouvrages religieux[22]. Mais le cas, largement étudié par Carlo Ginzburg, du *Fioretto della Bibbia*, dénote une capacité à lire de façon hétérodoxe un ouvrage assez largement orthodoxe, ou plus précisément, à faire de ce livre, et d'autres similaires, des matrices de concepts et d'arguments qui peuvent être détournés de leur but initial et réorientés vers de nouvelles fins. L'important, dans l'imprimerie, se situe donc dans la diffusion plus large d'outils intellectuels. De la sorte, l'imprimerie permet de renforcer l'armature conceptuelle par laquelle chacun peut réfléchir à son expérience propre (et dans un sens large, la théoriser, lui donner un début de cohérence systématique). On peut donc parler ici d'un changement formel de rationalité. La structure fondamentale de l'esprit humain peut rester la même, la façon dont elle s'exerce concrètement change néanmoins en fonction des outils dont elle dispose pour s'exercer sur le matériau disponible.

Le cas de la Réforme est plus délicat. Comme l'analyse de Carlo Ginzburg le montre bien, il n'est pas question de rattacher Menocchio à quelque forme que ce soit de luthéranisme[23]. Du point de vue de Carlo Ginzburg, en fait, la Réforme semble d'abord être un phénomène social et intellectuel qui accompagne la fin du monopole clérical : elle « donne l'audace de communiquer »[24]. En d'autres termes, la Réforme achève le processus de relativisation, voire de dévalorisation, de l'institution ecclésiale, entamé avec le Grand schisme et que le concile de Trente s'efforcera de corriger autant que possible. Mais au-delà, la Réforme est aussi révélatrice de transformations au sein même des modalités de la croyance religieuse, dont Menocchio est un symptôme. Ce sont sur ces deux points : formes de la rationalité et modalités de la croyance, et

19. Ch. Pythian-Adams, recension de *The Cheese and the Worms*, dans *Social History* 7/2, 1982, p. 213-215, p. 215 : « When compared with many educated contemporaries, in fact, men like Scandella were exposed to the blurring effects of a cultural time-lag ».

20. C. Ginzburg, *Le fromage…*, p. 27 : « Deux grands faits historiques ont rendu possible un cas tel que celui de Menocchio : l'invention de l'imprimerie et la Réforme ».

21. Le désir laïque de savoir n'est pas nouveau au XVIᵉ siècle, mais il y a indubitablement un changement d'échelle dû aux deux facteurs soulignés par Carlo C. Ginzburg. Sur la question de l'accès des laïcs au savoir pendant le Moyen Âge, voir C. König-Pralong et R. Imbach, *Le défi laïque*, Paris, Vrin, 2013, et le dossier réuni par É. Andrieu, « La voix des laïcs », dans *Médiévales* 80/2, 2021.

22. Sur ce point, voir la synthèse de F. Barbier, *Histoire du livre en occident*, Paris, Armand Colin, 2012, p. 103-116.

23. Voir C. Ginzburg, *Le fromage…*, p. 61-67.

24. C. Ginzburg, *Le fromage…*, p. 27.

leur rapport à la question de l'hétérodoxie, que je veux insister. Mais il faut au préalable revenir brièvement sur la nature de l'hétérodoxie de Menocchio. Comme on l'a rappelé, l'hétérodoxie peut être ramenée à deux thèmes structurants principaux, une cosmogonie panthéiste et matérialiste, d'une part ; d'autre part, une anti-ecclésiologie de type évangélique (même si aucun lien avec des sectes évangéliques n'est avéré). Comme le souligne Carlo Ginzburg, la cosmogonie ne provient pas directement des lectures de Menocchio mais plutôt de la culture paysanne à laquelle il appartient. Sans aller jusqu'aux croyances paysannes ancestrales[25], on peut soutenir en effet que l'expérience, l'observation de la nature, peuvent produire des proto-théories matérialistes. L'exemple très clair de la putréfaction et du fromage chez Menocchio rejoindrait ainsi les exemples fréquemment allégués, notamment par Jean-Pierre Albert, des paysans de Montaillou, qui parviennent à des inférences structurellement similaires[26]. On peut donc bien parler ici d'un « matérialisme élémentaire et instinctif » des paysans, qui fonderait une hétérodoxie populaire[27]. On ne perdra pas de vue, cependant, que ce matérialisme s'accompagne d'une forme de panthéisme, entendu comme présence de Dieu (qui certes est fort matériel puisqu'assimilé aux éléments) et présence opératoire de l'esprit en toutes choses. L'âme, également, pas toujours clairement distinguée de l'esprit, est une matière plus noble[28]. Mais l'âme meurt avec le corps tandis que l'esprit revient à Dieu. En fait, le monde de Menocchio est un monde plein, continu, qui relève d'une vision du monde antérieure au naturalisme qui résulte du Grand partage[29], et de l'instauration d'une dichotomie stricte entre la matière et l'esprit. La cosmogonie de Menocchio s'inscrit donc dans une « ontologie »[30], qui est certes en passe d'être dépassée et remplacée (par le naturalisme), mais qui n'est pas si étrangère à l'ontologie dominante pendant plusieurs siècles en occident. Le panthéisme, en effet, est lié à l'idée d'une circulation du sacré, et à l'absence de rupture entre le naturel et le surnaturel. À ce niveau continuiste s'ajoute d'ailleurs une strate supplémentaire qui est le

25. C. Ginzburg, Le fromage…, p. 66 : « Mieux vaut, provisoirement, les attribuer à un fonds de croyances paysannes, vieux de plusieurs siècles, mais jamais tout à fait éliminé ».

26. Voir J.-P. Albert, « Hérétiques, déviants, bricoleurs. Peut-on être un bon croyant ? », L'Homme 173, 2005, p. 75-95.

27. C. Ginzburg, Le fromage…, p. 131 : « Menocchio cherchait à exprimer le matérialisme élémentaire, instinctif, de générations et de générations de paysans ».

28. C. Ginzburg, Le fromage…, p. 144 : « Notre corps est sujet aux choses du monde, mais l'âme n'est sujette qu'à Dieu, parce qu'elle est faite à son image et composée de plus noble matière que le corps » (c'est Menocchio qui parle).

29. Sur la notion de Grand partage, voir B. Latour, Nous n'avons jamais été modernes. Essais d'anthropologie symétrique, Paris, La Découverte, 2006.

30. Je prends ici « ontologie » au sens que lui donne Ph. Descola. Voir Ph. Descola, Par-delà Nature et culture, Paris, Gallimard, 2005. Sur l'importance des thèses de Descola pour l'histoire intellectuelle et culturelle du Moyen Âge, voir la mise au point de S. Piron, « Nature et surnaturel », dans G. Cometti, P. Le Roux, N. Martin (dir.), Au seuil de la forêt. Hommage à Philippe Descola, Paris, Tautem, 2019, p. 837-854. Pour un exemple récent d'application de ces thèses à un objet médiéval, voir J.-C. Schmitt, Le cloître des ombres, Paris, Gallimard, 2021, en particulier p. 266-273. Néanmoins, il ne faut sans doute pas faire un usage trop rigide de ces quatre ontologies, et ne pas chercher à faire correspondre à toute force les schèmes médiévaux d'analyse du monde avec l'une des ontologies identifiées par Descola (en l'occurrence, l'analogisme). Les ontologies de Descola devraient rester de l'ordre de la boîte à outils qui permet de penser un phénomène historique assez précisément identifiable, l'emprise progressive du naturalisme sur l'Occident entre le XIVe et le XVIIe siècles. Cette emprise naturaliste se caractérise notamment par le primat explicatif accordé aux causes efficientes, par la séparation du naturel et du surnaturel, et par l'ensemble de dichotomies identifiées par Bruno Latour, entre matière et esprit, sujet et objet, etc. Voir B. Latour, L'espoir de Pandore. Pour une version réaliste de l'activité scientifique, Paris, La Découverte, 2007, p. 293-295.

modèle astrologique qui met en relation les quatre éléments et les planètes, de sorte que les hommes sont déterminés par la Planète dont ils participent le plus[31]. Ici, de façon singulière, Menocchio, qui se disait à une occasion astrologue[32], retrouve une idée dominante dans la philosophie naturelle italienne des XIVᵉ et XVᵉ

> **Les inquisiteurs ont bien identifié les deux aspects de l'hétérodoxie, la cosmogonie et l'anti-ecclésiologie.**

siècles (de Pietro d'Abano à Pomponazzi en passant par Blaise de Parme) et influencée par les théories d'Abu Ma'shar, celle de l'horoscope des religions[33]. On se trouve donc au cœur du problème de la circulation entre cultures savante et populaire. Sans revenir sur l'hypothèse averroïste (que Carlo Ginzburg n'exclut pas tout à fait)[34], il est indéniable que les points de contact entre les niveaux de culture existaient, de sorte que la cosmogonie d'origine expérimentale de Menocchio pouvait se trouver enrichie par quelques échos de débats savants.

De fait, il est tout à fait manifeste que dans le cas du deuxième thème structurant de l'hétérodoxie de Menocchio, l'anti-ecclésiologie, la relation entre les différentes formes de culture se trouve inversée. Partant d'une expérience simple et assez largement partagée, l'anticléricalisme suscité par la prégnance sociale et culturelle de l'Église et le rejet qu'elle pouvait inspirer, Menocchio transforme (voire sublime) cette expérience au moyen des éléments théoriques retirés de ses lectures, et en particulier Jean de Mandeville et la fable des trois anneaux[35]. Comme on l'a dit, Menocchio plaide pour une forme d'altérité religieuse (Carlo Ginzburg parle à plusieurs reprises de « tolérance »[36]) qui confine à l'indifférence envers les formes du culte et à la position d'une équivalence entre les religions : « tous se sauvent d'une manière ou d'une autre »[37]. Comme cela a été souligné, cette indifférence au rite provient largement, outre l'expérience anticléricale (et celle de la marchandisation des sacrements[38]), de sa lecture de Mandeville et de la description bienveillante d'une pluralité de religions. Les rites sont inutiles pour le salut et, de ce fait, indifférents, mais en même temps, Dieu a donné aux hommes le désir de vivre dans la loi divine de sorte que chacun doit s'en remettre à la coutume qui

---

31. C. Ginzburg, *Le fromage…*, p. 142 : « Nous sommes composés des quatre éléments, ils participent des sept planètes : c'est pourquoi tel homme participe plus que tel autre à telle planète et on peut être plus de Mercure ou plus de Jupiter selon que l'on est né dans cette planète ».

32. C. Ginzburg, *Le fromage…*, p. 219 : « Menocchio se définissait 'philosophe, astrologue et prophète' ».

33. Voir K. Pomian, « Astrology as a Naturalistic Theology of History », in P. Zambelli (dir.) *Astrologi hallucinati : Stars and the End of the World in Luther's Times*, Berlin-New York, De Gruyter, 1986, p. 29-43.

34. C. Ginzburg, *Le fromage…*, p. 148-149. Sur ce point, voir Paola Zambelli, « Uno, due tre, mille Menocchio ? », *Archivio Storico Italiano* 137/1, 1979, p. 51-90.

35. Sur Jean de Mandeville, voir I. McLeod Higgins, *Writing East. The Travels of Sir John Mandeville*, Philadelphia, University of Pennsylvania Press, 1997 ; sur la fable des trois anneaux, voir G. Paris, « La parabole des trois anneaux », *La poésie au Moyen Âge. Leçons et lectures*, Paris, Hachette, 1903, p. 131-164, M. Esposito, « Una manifestazione d'incredulità religiosa nel medioevo : Il detto dei "tre impostori" e la sua trasmissione da Federico II a Pomponazzi », *Archivio Storico Italiano* 89 (1931), p. 3-48.

36. Par exemple, C. Ginzburg, *Le fromage…*, p. 113.

37. C. Ginzburg, *Le fromage…*, p. 48 : « La majesté de Dieu a donné l'Esprit saint à tous : aux chrétiens, aux hérétiques, aux Turcs, aux juifs, il les aime tous et tous se sauvent d'une manière ou d'une autre ».

38. C. Ginzburg, *Le fromage…*, p. 49 : « Je crois que la loi et les commandements de l'Église sont tous des marchandises et que celle-ci en vit ».

est la sienne[39]. Cette indifférence au culte provient du fait que la religion est réduite à la morale, et à un noyau dur qui est la double exigence d'amour de Dieu et du prochain. Finalement, on peut se demander comment Menocchio peut à la fois dénoncer la religion catholique comme mode de contrôle social, et défendre une forme de résignation coutumière, où chacun doit demeurer dans la religion qui est la sienne par naissance. Outre le fait, on y reviendra, qu'il ne faut peut-être pas chercher une cohérence absolue et systématique dans les propos de Menocchio, il faut ajouter une dimension importante dans la considération du rite chez Menocchio qui relève de l'hygiène physique et morale. Ainsi, le jeûne a été établi pour réguler les humeurs[40], et certains sacrements, comme l'Eucharistie, rendent joyeux : « Le sacrement me plaît : on s'est confessé, on va communier, et on reçoit le Saint-Esprit, et on a l'esprit joyeux »[41]. En raison de ces bénéfices physiques et moraux, on peut concéder une certaine utilité sociale des rites qui sont institués « afin que les hommes ne soient pas comme des bêtes »[42]. Il est tout à fait frappant ici que le croisement d'une expérience basique, sans doute répandue (l'anti-cléricalisme), avec un ensemble de lectures « semi-savantes » (Boccace, Mandeville), permet à Menocchio de retrouver des débats (et des solutions) propres à la théologie et à la philosophie scolastiques. En effet, l'idée d'une religion déritualisée et réduite à l'amour de Dieu et du prochain, accompagnée d'un rejet des rites, est déjà portée, indirectement, par Abélard, qui la met dans la bouche de son philosophe dans le *Dialogue entre un philosophe, un juif et un chrétien*[43]. Et la question connexe de la possibilité de faire son salut dans sa propre religion (*fides* ou *lex*) est un débat qui se développe de façon précoce, en lien avec la question du salut des païens vertueux, et plus généralement dans le cadre des réflexions théologiques sur les modalités sacramentelles du salut[44]. Dès les années 1220, Guillaume d'Auvergne mentionne, pour la critiquer, la thèse de ceux qui veulent que chacun puisse faire son salut dans sa religion à condition de croire que c'est la bonne et d'agir en vue de plaire à Dieu. Cette question va prendre de plus en plus de place dans la littérature quodlibétique à la fin du XIIIe et au XIVe siècles, et finalement, certains théologiens de l'école de Salamanque, à l'époque de Menocchio, cherchent à défendre la possibilité du salut des Indiens hors de l'Église, par leur croyance en un Dieu providentiel et leur vie vertueuse (conformément à *Hébreux* 11, 3)[45]. Parallèlement, en

---

39. C. Ginzburg, *Le fromage…*, p. 111 : « Messire, je crois que chacun pense que sa propre foi est la bonne, mais on ne sait pas quelle est la bonne : parce que mon grand-père, mon père et les miens ont été chrétiens, je veux rester chrétien et croire que cette loi est la bonne ».

40. C. Ginzburg, *Le fromage…*, p. 169 : « Le jeûne a été établi pour le cerveau afin d'empêcher la chute de ces humeurs et à moi je voudrais que l'on mange trois ou quatre fois par jour et qu'on ne boive pas de vin, afin d'empêcher la chute de ces humeurs ».

41. C. Ginzburg, *Le fromage…*, p. 51.

42. C. Ginzburg, *Le fromage…*, p. 51 : « La messe est une invention du Saint esprit, comme l'adoration de l'hostie, afin que les hommes ne soient pas comme des bêtes ».

43. Voir Chr. Grellard, « Dieu d'Abraham, Dieu du philosophe. Le statut de la religion dans les *Collationes* d'Abélard », à paraître.

44. L. Capéran, *Le problème du salut des infidèles. Essai historique*, Toulouse, Grand séminaire, 1934, J. Marenbon, *Pagans and Philosophers. The Problem of Paganism from Augustine to Leibniz*, Princeton, Princeton University Press, 2015, Chr. Grellard, « L'erreur de Frédéric ». La relativité des religions à la fin du Moyen Âge », dans J.-B. Brenet et L. Cesalli (dir.), *Sujet libre. Pour Alain de Libera*, Paris, Vrin, 2018, p. 163-168.

45. Voir Chr. Grellard, « Theology Context », *in* H. E. Braun, E. De Bom and P. Astorri (dir.), *A Companion to the Spanish Scholastics*, Leiden, Brill, 2021, p. 31-56, en particulier p. 47-52. Sur la littérature quodlibétique, voir P. Glorieux, *La littérature quodlibétique de 1260 à 1320*, Kain, Le Saulchoir, 1925.

reprenant le thème de l'horoscope des religions (et d'une détermination de chacun à adhérer à une religion précise en fonction de la détermination astrale), Blaise de Parme, à la fin du XIVe siècle, estime que les hommes non seulement peuvent, mais doivent, faire leur salut dans la religion à laquelle ils sont déterminés par les astres[46]. Il n'y a pas apparence que Menocchio ait eu connaissance de ces débats, mais par le croisement entre son expérience et ses lectures, il les retrouve, et en un sens les radicalise.

Avant d'en venir aux enseignements généraux que l'on peut tirer du cas Menocchio, je souhaiterais faire un aparté en considérant un cas de réception savante de cette hétérodoxie populaire. Face à l'énoncé de ses théories par Menocchio, les inquisiteurs (théologiens et canonistes frottés d'un peu de philosophie) ont d'abord cherché des complices, mus par l'idée sans doute qu'il n'avait pas pu parvenir par lui-même à de telles théories (ce en quoi ils se rapprochent des historiens qui cherchent à rattacher Menocchio à des cas d'hétérodoxie savante), mais mus surtout par cette obsession de l'Église alternative qui voyait dans toute hétérodoxie le germe potentiel d'une Église qui agirait pour se substituer à l'Église catholique[47]. Une fois admis (peut-être à contrecœur) que Menocchio disait sans doute vrai quand il affirmait que ces idées lui étaient venues de lui-même, il leur restait à essayer de mieux comprendre cette théorie en y mettant un peu d'ordre, en la classant parmi les listes des autres hétérodoxies. Or, les inquisiteurs ont bien identifié les deux aspects de l'hétérodoxie, la cosmogonie et l'anti-ecclésiologie. La première est rattachée aux *antiqui* et aux manichéens. S'il était aisé de renvoyer le Dieu créé de Menocchio aux principes manichéens (sans que cela suffise pour en faire un Cathare, néanmoins), les souvenirs des enseignements de philosophie naturelle reçus dans leur *studium* devaient être plus confus puisqu'ils se contentent de parler de l'*opinio philosophi antiqui*[48], sans l'identifier plus avant. Il est vrai que l'attribution de la doctrine du chaos varie dans les sources médiévales, entre Empédocle et Anaxagore (voire Melissus). Ce qui est important en fait, c'est l'assimilation générale aux *antiqui*, qui fonctionnent ici comme un marqueur de matérialisme. En un sens, les inquisiteurs faisaient honneur à Menocchio en en faisant un sectateur du matérialisme philosophique. Mais il est manifeste ainsi que le matérialisme était pendant tout le Moyen Âge et au début de l'époque moderne perçu comme une cause d'hétérodoxie[49]. À côté de ce matérialisme, la thèse du salut dans sa propre religion était renvoyée à Origène, et de façon générale son hérésie relevait de celles, avant lui, des Vaudois et de Wyclif[50]. De la sorte, les inquisiteurs circonscrivaient

---

■ 46. Voir Chr. Grellard, « Une histoire naturelle des religions. Blaise de Parme, les astres et les sectes », dans J. Biard et A. Robert (éd.), *La philosophie de Blaise de Parme. Physique, psychologie, éthique*, Galuzzo, Sismel, 2019, p. 59-82.

■ 47. Sur cette question, voir par exemple les analyses de K. Utz Tremp, « La "naissance" du sabbat », *Cahiers de recherches médiévales et humanistes* 22, 2011, p. 243-253.

■ 48. C. Ginzburg, *Le fromage…*, p. 180 : « … reprobatam opinionem illam antiqui filosophi, asserentis eternitatem caos a quo omnia prodiere quae huius sunt mundi » (« … cette opinion réprouvée des anciens philosophes, qui ont affirmé l'éternité du chaos dont proviennent toutes les choses qui sont de ce monde ».)

■ 49. Voir A. Robert, *Épicure aux enfers. Hérésie, athéisme et hédonisme au Moyen Âge*, Paris, Fayard, 2021.

■ 50. C. Ginzburg, *Le fromage…*, p. 151-152 : « À quelle hérésie ramener les positions de Menocchio ? L'accusation formulée contre lui de s'être rapproché "ad perfidam, impiam, erroneam, falsam et pravam hereticorum sectam, nempe Armenorum, nec non Valdensium et Ioannis Vicleff" reflétait cet embarras ». (« la secte perfide, impie, erronée, fausse et dépravée des hérétiques, en particulier les Arméniens, ainsi que les Vaudois et Jean Wyclif »).

dans les théories de Menocchio un noyau évangélique et anti-ecclésial qui conduisait au rejet de l'Église comme institution. Le désarroi intellectuel des inquisiteurs est donc, à bien des égards, structurellement semblable à celui des historiens. On perçoit bien les aspects saillants de l'hétérodoxie de Menocchio, le matérialisme et l'anti-ecclésiologie. Mais pour l'appréhender plus parfaitement, nous devons recourir à des catégories plus larges qui n'en rendent compte que de façon imparfaite. Comment peut-on (si on le peut) dépasser le niveau des inquisiteurs ?

## Les conditions de possibilité intellectuelles de l'hétérodoxie

Quels enseignements peut-on tirer du livre de Carlo Ginzburg pour penser le phénomène de l'hétérodoxie ? Je souhaiterais mettre l'accent sur deux points.

Il y a un premier point important qui ressort de la lecture du livre *Le fromage et les vers* : l'hétérodoxie naît indubitablement au croisement d'une expérience et d'un ensemble de possibilités théoriques et conceptuelles. Ce que montre le cas Menocchio, et qui le rend, par bien des aspects, exceptionnel, c'est que l'expérience seule ne suffit pas. Il y a sans doute eu bien des cas, au Moyen Âge et au-delà, de pensées hétérodoxes qui sont restées à l'état latent ou inchoatif, le plus souvent non exprimées, faute d'un outillage conceptuel pour les formuler. En un sens, Carlo Ginzburg retrouve une part (la meilleure) de la thèse de Lucien Febvre sur l'outillage mental, trop souvent et trop rapidement critiquée par les historiens[51]. Une lecture restreinte de cette thèse (qui pèche par bien des aspects, il faut en convenir) rejoint ce que Carlo Ginzburg constate à propos de Menocchio : l'hétérodoxie, du moins quand elle est formulée de façon théorique ou quasi-théorique, quand elle dépasse la simple expérience immédiate, suppose un langage à disposition[52], qui fasse passer l'expérience à un niveau conceptuel. Ce que montre l'importance des lectures chez Menocchio, c'est leur rôle déterminant dans l'acquisition d'un langage, d'un ensemble de concepts et d'arguments, qui permettent de généraliser et d'organiser les expériences. En d'autres termes, l'expérience suffit sans doute à produire des cas d'hétérodoxie, elle ne suffit pas à les transformer en une théorie hétérodoxe. De fait, il est facile, à partir d'expériences quotidiennes de produire une croyance qui, ponctuellement, s'écarte des enseignements de l'Église. En revanche, produire un système articulé de croyances déviantes, qui constitue une véritable alternative à la vision chrétienne du Monde implique une différence qualitative et pas seulement quantitative. Comme le dit Carlo Ginzburg à propos du *Fioretto*, ce texte « donna à Menocchio les instruments linguistiques et conceptuels pour élaborer et exprimer sa vision du monde »[53]. Il n'est pas nécessaire d'avoir accès à des textes hétérodoxes pour produire de l'hétérodoxie, mais il faut que puisse se produire une convergence entre des expériences personnelles et des concepts et arguments mis à disposition. Tout est affaire de conditions de possibilité intellectuelle, et finalement, on peut

51. Voir sur cette notion, Nicolas Righi, « L'héritage du fondateur ? L'histoire des mentalités dans l'École des "Annales" », *Le philosophoire* 19/1, 2003, p. 155-174.
52. C. Ginzburg, *Le fromage...*, préface, p. 21 : « Avec une clarté et une lucidité rares, Menocchio a articulé le langage historiquement à sa disposition. »
53. C. Ginzburg, *Le fromage...*, p. 129

(par une lecture critique et négative) trouver autant de matière à hétérodoxie dans un texte de théologie orthodoxe. Cela ne remet assurément pas en cause, au contraire, le dynamisme créateur de l'esprit (qui se manifeste dans la capacité au bricolage, notamment), ni l'idée d'une hétérodoxie proprement paysanne qui s'ancrerait dans une forme d'empirisme (et d'observation de la nature), mais il faut, d'une part, que ce dynamisme s'exerce sur un matériau, et d'autre part que ce matériau soit l'objet d'une réélaboration conceptuelle. La mise au jour des structures intellectuelles disponibles reste donc un élément fondamental de toute étude sérieuse de l'hétérodoxie médiévale et moderne[54].

Il n'en reste pas moins que cette recherche du cadre intellectuel, pour nécessaire qu'elle soit, ne doit pas nous conduire à sur-interpréter la rationalité d'un Menocchio, en lui appliquant des cadres d'enquête qui ne sont pas les siens. La remarque (en passant) de Carlo Ginzburg dans la préface sur la « très forte rationalité » de Menocchio qui n'est cependant pas « forcément identifiable avec notre rationalité » est fondamentale[55]. L'erreur des inquisiteurs, et celle des historiens, est de vouloir imposer à Menocchio un système parfaitement cohérent, et marqué en quelque sorte par ce que l'on appelle la clôture déductive des systèmes des croyances (tel que si je crois que p, je crois tout ce que je peux inférer de p). Quand je disais plus haut qu'il faut parfois renoncer à chercher la cohérence des propos de Menocchio, cela n'implique nulle pensée prélogique, mais signifie qu'un système de croyances chez un individu humain (même moderne) n'est pas nécessairement cohérent, mais est composé de plusieurs niveaux de croyances, parfois incompatibles entre eux, et mobilisés ou mobilisables en fonction des situations auxquelles on est appelé à réagir (une croyance étant fondamentalement une disposition à agir[56]). En d'autres termes, il faut réinvestir le principe de coupure de Roger Bastide[57], pour comprendre la coexistence d'éléments contradictoires que seuls les interrogatoires des inquisiteurs ou l'enquête historique conduisent à mettre au jour en même temps. Pour Bastide, il y a principe de coupure quand des mondes mentaux intériorisés et contradictoires, qui appellent une adhésion sincère, coexistent à l'état latent chez un individu, qui s'y rapporte ponctuellement en fonction du comportement que le contexte social requiert de lui. Les barrières construites entre ces mondes mentaux permettent « la

---

■ 54. C'est un point que soulignait à juste titre Lucien Febvre dans son livre fameux (*Le problème de l'incroyance au XVIᵉ siècle. La religion de Rabelais*, Paris, Albin Michel, 1942), en parlant d'outillage mental, et en soutenant que tout n'est pas pensable à toutes les époques. Si certaines de ses thèses sont formulées de façon soit trop radicale soit trop imprécise, les aspects théoriques implicites de son approche n'ont, en général, pas été vus par ses détracteurs qui se contentaient d'alléguer tel ou tel cas d'hétérodoxie, sans voir que Febvre (de façon pas toujours cohérente, il est vrai), était à la recherche des conditions de possibilité théoriques d'un système athée, conditions qu'il situait au moment de la Révolution scientifique (moment théorique) mais qu'il avançait à la Renaissance avec la redécouverte d'Origène, dans son livre sur Bonaventure des Périers, *Origène et Des Périers ou l'énigme du Cymbalum Mundi*, Paris, Albin Michel, 1942.

■ 55. C. Ginzburg, *Le fromage...*, p. 25 : « Ramener le cas de Menocchio dans le domaine exclusif de l'histoire des mentalités signifierait donc mettre au second plan la très forte composante rationnelle (mais pas forcément identifiable avec notre rationalité) de sa vision du monde ».

■ 56. Voir Chr. Grellard, « Les ambiguïtés de la croyance ».

■ 57. R. Bastide, *Les religions africaines du Brésil*, Paris, P.U.F., 1960, p. 234-235. Je dis bien réinvestir dans la mesure où R. Bastide (sans raisons suffisamment fortes à mon avis) refuse l'application du principe de coupure à l'homme blanc occidental. Voir R. Bastide, *Les religions...*, p. 534. Je reviendrai dans un travail ultérieur sur cette question.

fidélité à des valeurs contradictoires »[58], et évitent la division de la personnalité. Pour donner tout son sens à la thèse de Bastide, et l'étendre éventuellement au monde occidental (ce que Bastide lui-même refuse, redisons-le), il faut revenir à l'idée fondamentale que la croyance est d'abord une disposition à agir qui est mobilisable en fonction de la situation sociale à laquelle il faut faire face. En ce sens, la coexistence d'une forme d'anti-ritualisme et de la défense de certains sacrements, ou encore la coexistence du matérialisme et du panthéisme ne sont pas incompréhensibles en soi si l'on voit bien qu'il s'agit de schèmes conceptuels mobilisables de façon différenciée en fonction du type de question auquel on est confronté.

Le second point sur lequel je souhaite attirer l'attention n'est pas très éloigné des considérations précédentes, il s'agit du statut implicite de la croyance dans le discours de Menocchio (et des inquisiteurs). J'ai suggéré ailleurs (et je ne peux le développer ici[59]) que la croyance religieuse au Moyen Âge, la *fides*, peut être vue comme l'articulation de deux pôles, la *fiducia* et la *discretio*, un pôle fiduciaire fondé sur la confiance déléguée à un tiers, et un pôle cognitif, qui débouche sur la conviction intime. Schématiquement, du XIIe au XVIe siècles, l'articulation des deux pôles est déséquilibrée au profit du pôle fiduciaire, tandis que l'avènement de la Réforme s'ancre dans l'inversion des pôles et un privilège (intellectuel, du moins) accordé au pôle cognitif, mutation qui se met en place d'un point de vue théorique dès le XIVe siècle. En ce sens, la Réforme est bien un accélérateur d'hétérodoxie dans la mesure où elle amplifie la valeur du pôle cognitif de la croyance religieuse. Ainsi compris, le cas Menocchio qui allie une théorie cosmogonique à une ecclésiologie déflationniste peut être vu comme l'affirmation d'un *Credo* tout personnel contre les schémas aléthiques imposés pas l'institution religieuse[60]. On en a une preuve en filigrane quand on considère le statut fiduciaire de la croyance religieuse chez Menocchio et les inquisiteurs. Dès le début du procès, Menocchio est invité par ses amis à la prudence et à la soumission verbale. À l'instigation de Ziannuto, le fils de Menocchio, le curé de Montereale lui écrit une lettre lui enjoignant de dire que « vous ne croyez ni ne croirez jamais que ce qui est commandé par le Seigneur Dieu et la Sainte Église »[61]. Ces termes sont ceux mêmes que les théologiens utilisent pour désigner la foi implicite que l'on doit exiger des *rustici* et qui consiste, quand on ne peut comprendre ce que l'on croit, à affirmer croire tout ce

■ 58. *Ibid.*, p. 234.
■ 59. Voir Chr. Grellard, *La possibilità dell'errore. Pensare la tolleranza nel Medioevo*, Roma, Aracne editrice, 2020, p. 17-18 ; Chr. Grellard, *Croire par délégation. Enquête sur la formation du concept de foi implicite*, à paraître.
■ 60. À ce titre, Menocchio est peut-être un cas particulier dans la mesure où il a intégré l'idée (que ses inter-locuteurs inquisiteurs ont, eux, acquis au cours de leurs études en théologie) que la croyance est un acte d'assentiment propositionnel. Il participe, donc, bon gré mal gré à cette réduction, typique de la philosophie occidentale médiévale et moderne, de la croyance à une adhésion dotée d'un degré plus ou moins élevé de certitude, au détriment des autres formes que la croyance a pu prendre. Il faut donc faire preuve d'une certaine prudence méthodologique, et l'appel récurrent des anthropologues à se débarrasser de la croyance propositionnelle (comme le fait par exemple Carlo Severi, à partir d'une analyse du cas des *Benandanti*, dans C. Severi, « Carlo C. Ginzburg et l'anthropologie de la croyance », dans D. Thouard (dir.), *L'interprétation des indices. Enquête sur le paradigme indiciaire avec Carlo C. Ginzburg*, Lille, Presses universitaires du Septentrion, 2007, p. 49-56), si elle peut se justifier dans certains contextes, empêcherait néanmoins de comprendre pleinement le discours de Menocchio.
■ 61. C. Ginzburg, *Le fromage...*, p. 45.

que croit l'Église[62]. Menocchio est donc invité à taire ses croyances explicites pour se contenter de cette foi implicite qui, au fil du temps, n'est devenue qu'un acte simple de soumission et d'obéissance. Mais précisément, cette foi implicite Menocchio ne supporte pas de l'endosser. De fait, toute la théorie de la relativité des croyances qu'il avait élaborée à partir de Mandeville s'appuyait sur un mécanisme intellectuel qui dévalorisait l'obéissance à l'institution au profit d'une relation directe à Dieu. Ainsi, c'est à Dieu seul, et directement, qu'il est requis de se confesser, et ce qui plaît à Dieu, c'est l'intention bonne (là encore, Menocchio retrouvait sans le savoir les hypothèses de certains théologiens radicaux des XIIᵉ et XIVᵉ siècle[63]). Comme le dit Carlo Ginzburg, la diversité des croyances le conduisait à s'interroger sur leurs fondements et à identifier ce fondement dans un noyau naturel et rationnel universel, l'amour de Dieu et du prochain[64].

Néanmoins, les nécessités du procès contraignirent Menocchio à revenir explicitement à la foi implicite. Dans la lettre qu'il écrit depuis sa prison aux inquisiteurs, il met en avant tous les signes de cette foi implicite : « j'ai toujours agi en chrétien, …, j'ai prêté obéissance à mes supérieurs, …, j'ai dit le Pater noster, l'Ave Maria et le Credo »[65]. Ses erreurs de pensée et d'expression étaient liées à une tromperie démoniaque, dont la pénitence l'a libéré, et si son ignorance n'était pas invincible[66], elle n'était pas entièrement en son pouvoir. Menocchio met donc en avant la dimension d'orthopraxie que l'on attend des *rustici*, il affiche le minimum de foi explicite que l'on peut exiger de lui (le Credo, etc.), et il renvoie son erreur à l'ignorance produite par une tromperie démoniaque. Il se plie ainsi au code intellectuel des inquisiteurs. De fait, ce que lui reprochaient les inquisiteurs, c'était en partie d'avoir rompu le pacte de la foi implicite et d'avoir voulu « répandre ses propres idées parmi le "vulgaire inculte" »[67]. L'absence de succès apostolique de la part de Menocchio était vue comme le signe d'une intervention divine (les inquisiteurs reprenant ainsi le thème classique de l'*auxilium dei*). Le problème des inquisiteurs n'était pas tant que Menocchio ait des idées extravagantes, mais qu'il veuille les diffuser parmi ses congénères[68].

■ 62. Sur la foi implicite voir J.-Cl. Schmitt, « Du bon usage du Credo », dans *Le corps, les rites, les rêves, le temps. Essais d'anthropologie médiévale*, Paris, Gallimard, 2001, p. 97-126 ; A. Mothu, « Vissicitudes de la "foi du charbonnier" », *Littératures classiques* 93/2, 2017, p. 51-68 ; P. Biller, « Rolando di Cremona and the Earliest Inquisition Depositions of Languedoc », *in* A. Fitzpatrick and J. Sabapathy (dir.), *Individuals and Institutions in Medieval Scholasticism*, London, University of London Press, 2020, p. 177-195 ; Chr. Grellard, « John Wyclif on Implicit Faith », *in* K. Ghosh and P. Soukup (eds.), *Wycliffism and Hussitism : Methods of Thinking, Writing and Persuasion c. 1360-c. 1460*, Turnhout, Brepols, 2021, p. 75-97.

■ 63. Voir, par exemple, O. Lottin, « L'intention morale de Pierre Abélard à Thomas d'Aquin », *Psychologie et morale aux XIIᵉ et XIIIᵉ siècles*, t. IV, 3ᵉ partie, Louvain-Gembloux, 1954, p. 309-486. C'est sur cette base que Paolo Prodi met en place la fameuse distinction entre péché et crime, fondement de la modernité juridique et religieuse. Voir, par exemple, P. Prodi, « Christianisme et pouvoir, péché et délit », *Christianisme et monde moderne. Cinquante ans de recherches*, Paris, Hautes Études -Gallimard -Seuil, 2006, p. 329-340.

■ 64. C. Ginzburg, *Le fromage…*, p. 48 : « Je voudrais que l'on croie et que l'on fasse comme a dit Jésus-Christ, qui a répondu aux juifs qui lui demandaient quelle loi il fallait avoir : "Aimer Dieu et aimer son prochain"». Voir aussi l'analyse de l'influence de Mandeville, p. 103-111.

■ 65. C. Ginzburg, *Le fromage…*, p. 171-175.

■ 66. Sur la notion d'ignorance invincible, voir O. Lottin, « Le problème de l'*ignorantia iuris* de Gratien à saint Thomas d'Aquin », dans *Psychologie et morale aux XIIᵉ et XIIIᵉ siècles*, t. 3, Louvain-Gembloux, Duculot, 1949, p. 56-92, Chr. Grellard, *La possibilità dell'errore…, op. cit.*

■ 67. C. Ginzburg, *Le fromage…*, p. 161.

■ 68. C. Ginzburg, *Le fromage…*, p. 179 : « non tantum cum religiosis viris, sed etiam cum simplicibus et idiotis ».

Ce qui apparaît clairement ici, c'est que toute étude de l'hétérodoxie médiévale et moderne doit prendre la mesure de la dimension largement sociale de la croyance religieuse, dans laquelle s'enracine la plasticité de l'Église catholique. Celle-ci a une capacité à accepter la déviance tant qu'elle peut l'intégrer à son propre système (comme les résidus de paganisme, par exemple), ou la rendre négligeable intellectuellement et socialement. C'est ce qui devait arriver à Menocchio à l'issue du premier procès. Il avait été rendu négligeable intellectuellement. Quoique pleinement réintégré dans sa communauté d'origine, il ne pouvait plus tenir les mêmes discours. Comme l'écrit Carlo Ginzburg : « le meunier hérésiarque avait été réduit au silence, au conformisme extérieur ; il ne représentait plus un danger pour la foi des habitants de son village »[69]. De fait, le conformisme, l'orthopraxie, et le silence sur ses opinions, prévenait tout risque de contamination. Pourtant cette soumission de Menocchio à la part fiduciaire de la croyance lui pesait trop, et ses anciennes opinions, qui n'avaient jamais dû cesser de le travailler, refirent surface à l'occasion, non seulement auprès d'amis plus ou moins proches (comme le violoneux Lunardo Simon avec qui il avait pu travailler quand il jouait de la guitare), mais aussi avec de parfaits inconnus comme cet aubergiste d'Aviano. Menocchio fut de nouveau convoqué par le Saint-Office. Il tenta de nouveau de se réfugier dans la soumission et l'obéissance : « je ne veux donc ni penser ni croire rien d'autre que ce que croit la Sainte Église, et je veux faire ce que me commanderont mes curés et mes supérieurs »[70]. De la même façon, l'avocat commis d'office tenta de mettre en avant la « mere simplicitas et ignorantia » (« la pure simplicité et l'ignorance ») de Menocchio, afin de le faire bénéficier de l'excuse de l'ignorance dont peuvent se prévaloir les simples. Mais il était trop tard. Le déséquilibre entre *fiducia* et *discretio* chez Menocchio était trop important pour être rétabli.

## Conclusion

On le voit, l'étude de l'hétérodoxie médiévale, et dans une moindre mesure moderne, pose au moins deux problèmes que l'on a essayé de caractériser. Pour que l'historien accède à cette hétérodoxie, il faut parvenir à dépasser ce conformisme social qu'impose la nature sociale de la croyance au Moyen Âge, et dont la théorie de la foi implicite n'est que la fine pointe. Il ne s'agit pas de dire avec Lucien Febvre que l'Église sature l'espace social, culturel, et intellectuel (même si elle le fait en partie), mais de souligner que la notion de croyance n'a probablement pas tout à fait le même sens dans un contexte post-réformé (ou post-tridentin) et dans un contexte médiéval[71]. Il faut que l'hétérodoxie trouve les moyens de s'exprimer, socialement. Socialement,

■ 69. C. Ginzburg, *Le fromage*...,p. 193.
■ 70. C. Ginzburg, *Le fromage*...,p. 207.
■ 71. Voir L. Febvre, *Le problème de l'incroyance, op. cit.*, p. 308 : « Le christianisme, c'était l'air même qu'on respirait dans ce que nous nommons l'Europe et qui était la Chrétienté ». Sur la nécessaire historicisation du concept de croyance, voir J. Scheid, *Les dieux, l'État et l'individu. Réflexions sur la religion civique à Rome*, Paris, Seuil, 2013, p. 43-44. Sur l'évolution du concept de croyance au Moyen Âge, voir J. Wirth, « La naissance du concept de croyance (XIIᵉ-XVIIᵉ siècles) », *BHR*, 45, 1983, p. 7-58, repris dans *Sainte Anne est une sorcière*, Genève, Droz, 2003, p. 113-176 ; et les études réunies dans Chr. Grellard, P. Hoffmann, L. Lavaud (dir.), *Genèses antiques et médiévales de la foi*, Paris, Institut des Études augustiniennes, 2020.

mais aussi intellectuellement. Il n'est pas question de remettre en cause la dynamique créatrice de l'esprit humain, et en un sens, toute société qui se fonde sur des normes, et en particulier des normes de croyance, est appelée à produire de l'hétérodoxie. Mais si le matériau est disponible, il faut, on l'a vu, et en particulier si l'on souhaite distinguer le simple propos de taverne de l'élaboration, même inchoative, d'une vision du monde, un ensemble de structures conceptuelles, un langage, qui permette de donner à des expériences ponctuelles la forme plus élaborée d'une théorie ou d'une proto-théorie. Ce qui rend difficile de trouver un Menocchio médiéval, par-delà le hasard des archives, c'est précisément l'absence de ces deux accélérateurs d'hétérodoxie que sont l'imprimerie et la Réforme. Il est certain que toute orthodoxie suscite en retour le travail contradictoire de la raison, appuyé par la capacité au bricolage et à l'inventivité. Mais ces structures formelles de l'esprit ne peuvent donner leur pleine mesure sans un ensemble de structures matérielles qui historicisent nécessairement les croyances, tant dans leur contenu que dans leurs modalités d'expression.

**Christophe Grellard**
EPHE, PSL / LEM (UMR 8584)

# Ginzburg et les croyances

## UNE THÉOLOGIE POLITIQUE DE L'AMBIGUÏTÉ

Philippe Büttgen

**Les** textes les plus récents de Carlo Ginzburg développent une « théologie politique » originale, revendiquée sous ce nom et mêlant dans une synthèse nouvelle théologie de l'histoire (Augustin), exégèse biblique (Paul), théorie des cas et des exceptions (Machiavel, Pascal, Carl Schmitt). Cette théologie politique, pensée sous le signe de l'« ambivalence » et de l'ambiguïté, trouve son origine dans un aspect précis, bien que peu remarqué, des grandes enquêtes historiques de Ginzburg depuis *Les batailles nocturnes* (1966) : une confrontation permanente avec la *confession*, à travers un examen attentif des pouvoirs de l'aveu.

## I

**L**es subalternes devront avouer. Chez Carlo Ginzburg, c'est presque une définition de ce que subalternité veut dire. Le meunier Menocchio *avoue* devant le Saint-Office. De sa cosmologie, sa théogonie, nous ne savons que ce que contiennent ses aveux. « Les voix des persécutés (ou des colonisés) nous parviennent, quand elles nous parviennent, à travers le filtre des questions posées par les inquisiteurs (ou les colonisateurs), transcrites par leurs notaires (ou leurs fonctionnaires) »[1]. De la même façon, les rites agraires des Frioulans et leurs processions des morts ne sont connus que par des « confessions de *benandanti* isolés sans relations entre eux »[2]. *Les*

---

1. C. Ginzburg, *Il formaggio e i vermi. Il cosmo di un mugnaio del '500* (1976), Milano, Adelphi, 2019, Postfazione 2019, p. 213. Cf. *Le fromage et les vers. L'univers d'un meunier du XVIᵉ siècle*, trad. fr. M. Aymard, Paris, Flammarion, 1980, rééd. Paris, Champs-Flammarion, 2019, Avant-propos (2009-2011), trad. fr. P. Vesperini, p. XXVI-XXVIII (abrégé en *FV*). Je cite les dernières éditions, presque toutes augmentées de textes de Ginzburg postérieurs à la première parution.

2. C. Ginzburg, *I benandanti. Stregoneria e riti agrari tra '500 e '600* (1966), Milano, Adelphi, 2020, p. 146, trad. fr. G. Charuty, *Les batailles nocturnes. Sorcellerie et rituels agraires aux XVIᵉ et XVIIᵉ siècles*, Paris, Verdier, 1980, rééd. Paris, Champs-Flammarion, 2019, p. 145 (abr. *B*).

*batailles nocturnes, Le fromage et les vers,* une partie aussi du *Sabbat des sorcières* sont une longue confession. En cela, ils sont les témoins d'une « culture populaire ». Chez Ginzburg, on appelle de ce nom toute culture qu'une autre culture, « dominante », fait passer aux aveux[3].

On pourrait oser l'énoncé : quiconque doit confesser est subalterne. Chez Ginzburg, il se vérifie par son contraire : quiconque cesse de confesser s'affranchit. Il y a plusieurs façons de se soustraire à la confession, y compris, on le verra, en confessant. Cette découverte a mené Ginzburg aux portes d'une pensée de l'ambiguïté qu'il désigne depuis quelques années comme une « théologie politique » : la théologie politique d'un historien qui s'est instinctivement formé dans un refus de la confession.

## II

Les historiens, quelquefois, aiment trop leurs méthodes. L'engouement pour la *microstoria* et autres « jeux d'échelles » ne devrait pas faire oublier que les aveux des *Batailles nocturnes* et du *Fromage et les vers* recouvrent en première approche des processus bien distincts.

Dans *Les batailles nocturnes*, les interrogatoires de l'Inquisition sont à l'origine de la « métamorphose des *benandanti* en sorciers », transformation des rituels et croyances populaires en une sorcellerie diabolique formatée par les démonologies savantes. C'est *réellement* que les « bons sorciers » du Frioul, de chasseurs de démons, sont devenus suppôts du Démon, par « intégration forcée (*inquadrarsi*) à l'univers mental et théologique de l'inquisiteur »[4]. Au contraire, les « confessions de Menocchio » révèlent des convergences partielles, « souterraines », entre culture populaire et culture savante, par la forme de spéculation qui se déploie de part et d'autre[5]. D'un côté donc, dans *Les batailles nocturnes*, le passage d'une différence radicale à une assimilation réelle, « réduction des croyances populaires aux formulations savantes »[6] ; de l'autre, dans *Le fromage et les vers*, des recouvrements complexes qui font plonger aux « racines populaires de la haute culture européenne, médiévale et postmédiévale »[7].

Tout ceci, cependant, est bien l'œuvre des aveux, qui commandent les échanges entre les cultures de la première modernité. « L'exposition la plus complète des idées de Menocchio, il faut [...] la chercher dans les déclarations qu'il a faites au cours [de son] procès »[8]. Mais il faut encore comprendre pourquoi c'est à la confession, et à elle seule, qu'est revenu d'accomplir cette grande explicitation. Il se peut de même que la « confession », en avril 1634, du jeune Giovanni Sion, domestique à Cividale avouant par écrit qu'il est de la « race des sorciers », « inaugure [...] de façon définitive une nouvelle phase de l'histoire » des rites et croyances agraires en Frioul et ailleurs[9]. Mais comment, exactement, la confession fait-elle histoire ?

3. Voir p. ex. *FV*, p. XXVI, trad. fr., p. 27 et *B*, p. 160, trad. fr., p. 163.

4. *B*, p. 204, trad. fr., p. 215-216 ; p. 31, trad. fr., p. 27 ; p. 41, trad. fr., p. 39.

5. *FV*, p. 63, trad. fr., p. 113. Sur les « *confessioni di Menocchio* », formule-matrice du *Fromage et les vers*, cf. *FV*, p. XXI, trad. fr., p. 19 ; p. 34, trad. fr., p. 75 ; p. 81, 83, 84, trad. fr., p. 137, 139, 141 ; p. 138, trad. fr., p. 211.

6. *B*, p. 189, trad. fr., p. 198 (l'italien a « *adeguamento* » pour « réduction »).

7. *FV*, p. 155, trad. fr., p. 233.

8. *FV*, p. 82, trad. fr., p. 138.

9. *B*, p. 184-185, trad. fr., p. 191-192.

## III

La réponse est passée par une *épistémologie de l'aveu*, préoccupation majeure chez Ginzburg historien et citoyen depuis au moins le procès Sofri[10]. Je ne développerai pas ce qui relie cette épistémologie à celle du témoignage[11], non plus qu'au paradigme indiciaire, intensément discuté depuis quinze ans[12]. Il me semble important de placer l'épistémologie de l'aveu devant d'autres modèles.

Chez Ginzburg, la confession a d'emblée été considérée comme un rapport de forces, un milieu de pression entre cultures concurrentes. « Pression » est le mot de Ginzburg. Le rituel des *benandanti* s'est « progressivement modifié sous la pression des inquisiteurs pour revêtir finalement les traits de la sorcellerie traditionnelle » : c'est le constat principal de *Les batailles nocturnes*[13]. Une même « pression » (*spinta*) a pesé sur les clergés locaux, en Frioul, quand il leur a fallu comprendre pourquoi ces supposés sorciers disaient combattre, précisément, les sorciers[14]. Face à des paysans « prisonniers du mythe », les clercs constataient que leur propre formation les amenait aussi à des « réactions » forcées et stéréotypées : pressions contraires[15].

Ginzburg ne s'est pas arrêté sur la nature des forces et « pressions » en présence, réduisant l'analyse de la violence symbolique de l'Inquisition à un schéma physique d'action-réaction qui suffisait à ses besoins. On peut voir là une limite de son épistémologie de l'aveu. Elle a été pointée très tôt dans les travaux de Jacques Chiffoleau sur l'Inquisition, ses techniques judiciaires et leur transfert dans la construction de l'État souverain[16].

Dès les années quatre-vingt, Chiffoleau déplorait la faible part faite à la dimension de l'institution et singulièrement de la *procédure* dans l'étude des procès d'Inquisition. Il imputait cette lacune à une approche de la confession « en ethnographe » et visait les premiers travaux de Ginzburg[17]. « On fait un grave anachronisme en prenant les interrogatoires d'inquisiteurs pour des enquêtes ethnographiques ». Une grande partie de la procédure dite extraordinaire de l'Inquisition était menée secrètement, en l'absence des suspects. Pour la partie qui tenait compte de leurs aveux, Chiffoleau remarque que l'autre grande propriété de la procédure inquisitoire, procédure secrète et *écrite*, conduisait à « casse[r] le récit, tue[r] la voix vive des témoins et

10. C. Ginzburg, *Il giudice e lo storico. Considerazioni in margine al processo Sofri*, Torino, Einaudi, 1991, trad. fr. M. Bouzaher *et alii*, *Le Juge et l'historien. Considérations en marge du procès Sofri*, Lagrasse, Verdier, 1997.

11. Pour une présentation, voir M. Vorms, « La Valeur probante du témoignage. Perspectives épistémologique et juridique », *Cahiers philosophiques* 142, 2015/3, p. 25-42.

12. D. Thouard (dir.), *L'Interprétation des indices. Enquête sur le paradigme indiciaire avec Carlo Ginzburg*, Lille, Presses universitaires du Septentrion, 2007.

13. *B*, p. 11, trad. fr., p. 9.

14. *B*, p. 147, trad. fr., p. 147.

15. *B*, p. 143, trad. fr., p. 142.

16. J. Chiffoleau, « Sur la pratique et la conjoncture de l'aveu judiciaire en France du XIIIe au XVe siècle », dans *L'Aveu. Antiquité et Moyen Âge*, Rome, École française de Rome, 1986, p. 341-380 ; « Avouer l'inavouable. L'aveu et la procédure inquisitoire à la fin du Moyen Âge », *in* R. Dulong (dir.), *L'Aveu. Histoire, sociologie, philosophie*, Paris, P.U.F., 2001, p. 57-97, révision d'un article paru dans les *Annales* en 1990. La perspective est étendue dans *La Chiesa, il segreto e l'obbedienza. La costruzione del soggetto politico nel medioevo*, Bologna, Il Mulino, 2010.

17. J. Chiffoleau, « Sur la pratique... », art. cit., p. 342, en part. n. 4.

des accusés » sous la masse des actes notariés censés en recueillir l'écho[18]. « Revenir à la procédure » et à son histoire, selon le mot d'ordre de 1986[19], impliquait donc de briser la forme subtile de positivisme qui, chez Ginzburg, entendait transformer des aveux en savoir.

## IV

Une partie des objections de Chiffoleau est tombée avec la parution en 1989 du *Sabbat des sorcières*[20]. Sur d'autres points en revanche, les réponses (toujours indirectes) de Ginzburg n'ont fait qu'accentuer le différend. Dans son éloge distancié de « l'Inquisiteur comme anthropologue » en 1988, Ginzburg a concédé la singularité écrite ou *transcrite* des confessions des subalternes[21]. Il restait toutefois supposé que cette écriture pouvait, par moments, restituer quelque chose comme la vie d'un dialogue. Surtout, sous ce dialogisme des aveux, qui entendait, avec Bakhtine, décrire la « finesse anthropologique des inquisiteurs » découvrant chez les *benandanti* une « couche culturelle profonde complètement étrangère à [leur] culture », l'ancien schéma physique des « pressions » s'attardait dans la lettre du texte[22]. La micro-histoire défendait sa cause en invoquant les « cas exceptionnels » où un « véritable dialogue » pouvait se faire entendre[23]. À force de se désintéresser de la procédure concrète des aveux, la *microstoria* infléchissait son propre principe : l'exhibition d'une exception admirable (Menocchio !) prenait le pas sur la recherche de la règle qui doit la révéler.

Les objections de Chiffoleau et les réponses de Ginzburg ont dans tous les cas valeur exemplaire. Cette discussion, jamais vraiment acceptée par Ginzburg, a mis au jour un dilemme de l'anthropologie historique, entre, chez Ginzburg, une inspiration ethnographique qui devait déboucher sur un dérivé d'anthropologie cognitive et, d'autre part, une anthropologie juridique qui pouvait se réclamer de Foucault[24]. Ce dilemme cherche sa solution : entre « pressions » et procédure, où est la voix des subalternes ?

■ 18. J. Chiffoleau, « Avouer l'inavouable », art. cit., p. 87.
■ 19. J. Chiffoleau, « Sur la pratique… », art. cit., p. 343.
■ 20. Comparer *ibid.*, p. 373 et toute la première partie de C. Ginzburg, *Storia notturna. Una decifrazione del sabba* (1989), Milano, Adelphi, 2017, p. 5-69, trad. fr. M. Aymard (1992), *Le sabbat des sorcières*, Paris, Gallimard, « Folio-Essais », 2022, p. 61-132, sur le faux complot des Lépreux sous Philippe V (1321). C. Ginzburg reprend l'histoire de ce procès qui, après quelques autres (procès des Templiers sous Philippe le Bel), vit la formation d'une justice royale se nouer aux procédures d'Inquisition.
■ 21. C. Ginzburg, « L'inquisitore come antropologo » (1988), in *Il filo e la tracce. Vero falso finto* (2006), Milano, Feltrinelli, 2020, p. 270-280, trad. fr. M. Rueff, « L'inquisiteur comme anthropologue », in *Le Fil et les traces. Vrai faux fictif*, Lagrasse, Verdier, 2010, p. 407-424. Voir aussi B, *Postfazione* 2019, p. 290-291, trad. fr., p. XIV-XV.
■ 22. C. Ginzburg, « L'inquisitore come antropologo », art. cit., p. 273, 275, trad. fr., p. 412, 415.
■ 23. *Ibid.*, p. 275, 280, trad. fr., p. 415, 423.
■ 24. J. Chiffoleau, « Avouer l'inavouable », art. cit., p. 79 et 85, sur les « systèmes de production de la vérité » et les « contrats de véridiction ». Il n'est pas étonnant de retrouver là un point de la confrontation de Ginzburg avec Foucault, dont le « scepticisme raffiné » est attaqué dans « L'inquisitore come antropologo », art. cit., p. 276, trad. fr., p. 417, dans la suite des pointes de 1976 contre l'« irrationalisme esthétisant », *FV*, p. XIX, trad. fr., p. 17.

# V

Génie de l'Inquisition : avoir fusionné aveu et confession. C'est là à mon sens le véritable point de départ d'une épistémologie de l'aveu. Les décrets du IV⁰ Concile de Latran, en 1215, n'ont pas seulement imposé aux laïcs l'obligation de la confession annuelle de leurs péchés[25]; ils ont aussi interdit aux clercs de recourir aux vieux sortilèges de l'ordalie dans le règlement des litiges. La transformation de la justice en *enquête* (procédure inquisitoire) n'aurait pas été possible sans, à partir de 1230, le développement de l'Inquisition, qui a su jouer, dans le « cadre pénitentiel » qui était le sien, de la « confusion des deux *"confessiones"* », aveu sacramentel et aveu judiciaire[26]. Ici confession et enquête se sont réciproquement renforcées, chacune prenant des formes nouvelles, caractéristiques du « siècle de la parole » qui se lève après 1200[27]. Devant l'inquisiteur, on *avouait* son délit et l'on s'en *confessait* pour obtenir sa rémission. Il en est résulté le projet d'une « histoire croisée des aveux », qui rencontre l'évolution des deux fors, privé et public, et celle de leur dualité même[28].

Il me semble nécessaire d'ajouter une dimension à ce projet, en notant une propriété supplémentaire de la confession dans les sources étudiées par Ginzburg. Dans la mise en forme écrite des confessions, on note une technique qui, en particulier, interdit de voir en elles la trace d'un dialogue direct entre le confessé et son confesseur. Cette technique a consisté à « morcele[r], romp[re], recompos[er] les récits collectés » en différents « articles », *articuli*, servant d'unités de base de la procédure d'*inquisitio* dans sa reconstitution des faits. Ces « articles » venaient recouvrir la première *narratio* des témoins, elle-même déjà recomposée par le passage à l'écrit[29].

Il faut s'arrêter sur ces *articuli*. L'aveu se découpe en articles. Il n'est pas le seul : c'est vrai aussi de la foi, celle du *credo*, qui comme formulation de la foi dite « explicite » continue de faire norme dans ces années 1570-1670 étudiées par Ginzburg[30]. Le *credo* contient des articles de foi, c'est en lui qu'on les énumère et qu'on les distingue : Création, Trinité, Incarnation, résurrection de la chair... Le découpage de l'aveu en articles permettait de le colliger aux articles de foi.

L'identification d'une confession de foi déviante dans la confession des péchés fut la grande affaire des inquisiteurs, à mesure que l'hérésie s'imposait comme le crime et le péché par excellence, réunissant blasphème

25. L'événement de 1215 a été acclimaté en philosophie par Foucault, *La Volonté de savoir*, Paris, Gallimard, 1976, p. 76-84, dans un développement célèbre sur l'homme, « bête d'aveu ».

26. J. Chiffoleau, « Sur la pratique… », art. cit., p. 354.

27. J. Chiffoleau, « Sur la pratique… », art. cit., p. 390, *cf.* « Avouer l'inavouable », art. cit., p. 82. Voir J. Le Goff et J.-Cl. Schmitt, « Au XIIIᵉ siècle, une parole nouvelle », *in* J. Delumeau (dir.), *Histoire vécue du peuple chrétien*, Toulouse, Privat, t. 1, 1979, p. 257-279.

28. J. Chiffoleau, « Sur la pratique… », art. cit., p. 352 et sur la distinction des fors les développements dans *La Chiesa, il segreto e l'obbedienza*, *op. cit.*

29. J. Chiffoleau, « Avouer l'inavouable », art. cit., p. 87, et p. 83-84 sur le statut du témoignage comme *fama* (rumeur) et *narratio* (récit).

30. Chez les historiens, voir J.-Cl. Schmitt, « Du bon usage du *"credo"* », *in Faire croire. Modalités de la diffusion et de la réception des messages religieux du XIIᵉ au XVᵉ siècle*, Rome, École française de Rome, 1981, p. 337-361 ; en philosophie, Chr. Grellard, *De la certitude volontaire. Débats nominalistes sur la foi à la fin du Moyen Âge*, Paris, Publications de la Sorbonne, 2014.

et lèse-majesté[31]. Au cœur de l'aveu, nous voyons surgir l'opinion erronée, la sentence fausse, dans un partage de l'erreur et du mensonge très différent de celui que nous connaissons. La relation entre aveu et hérésie renvoie ainsi à une articulation profonde de la *confessio*, comme confession des péchés et confession de foi.

## VI

De confession des péchés et de confession de foi, il est en permanence question dans *Les batailles nocturnes* et *Le fromage et les vers*. Ici entrent en jeu les différentes manières de refuser la confession dont il a été question. Nous pouvons maintenant être plus précis : ces refus variés de la confession relèvent de différentes manières de configurer le rapport entre confession des péchés et confession de foi, pénitence et proclamation.

Des *benandanti*, on pourrait dire qu'ils avouent, puisqu'on leur demande d'avouer, mais qu'ils ne se repentent pas, sauf, comme on l'a vu, très tard, au stade final de leur transformation en sorciers. En règle générale, ils *déposent* seulement. Quant à leur foi, les inquisiteurs attendaient à coup sûr qu'en la confessant ils trahissent une hérésie. Un jeune *benandante* comme Gasparo, dix-huit ans en 1606, s'est employé à décevoir cette attente, après un récit de ses expéditions nocturnes, rameau de fenouil en main :

> Au frère qui insiste pour savoir « avec quelle disposition d'esprit ils partent », il répond : « On dit lorsque nous sommes assemblés que nous, les *benandanti*, nous devons combattre pour la foi de Dieu, et les sorciers pour la foi du diable. – Mais pour la foi de quel Dieu combattez-vous ? », insiste l'inquisiteur, mi-accusateur, mi-incrédule. Solennellement, le *benandante* répond : « Pour le Dieu qui nous maintient en vie, le vrai Dieu que nous chrétiens connaissons tous : le Père, le Fiston (*Figliolo*) et le Saint-Esprit ».[32]

À l'inquisiteur qui, dans les déclarations des *benandanti*, cherche à identifier un autre Dieu que le sien, le jeune homme répond par la formule trinitaire la plus orthodoxe, avec juste ce qu'il y faut de dévotion rurale (le « Fiston »), pour désigner le « vrai Dieu ». Le *credo* des *benandanti* est spectaculairement conforme et neutralise l'accusation d'hérésie : comme si la chasse aux démons n'avait rien à voir avec la rectitude de la foi, ou même comme si elle la renforçait. Là encore, c'est très tard qu'on observe des cas d'apostasie d'une foi confessée fausse, au moment où les *benandanti* ont accepté qu'on voie en eux les sorciers qu'ils n'étaient pas d'abord[33]. Auparavant, ils semblent s'être volontiers placés dans la position des martyrs : « je ne confesse pas d'autre foi que celle de Jésus et de la bienheureuse Vierge Marie »[34].

■ 31. Voir J. Chiffoleau, « Avouer l'inavouable », p. 65-73. L'extension, au Moyen Âge, du domaine de l'hérésie rend compte par avance de l'assimilation des rituels agraires à la sorcellerie que Ginzburg a observée : voir « Sur la pratique… », art. cit., p. 368-369, ainsi que J. Théry, « Une hérésie d'État. Philippe le Bel, le procès des "perfides templiers" et la pontificalisation de la royauté française », *Médiévales* 60, printemps 2011, p. 157-185, texte signalé par Corinne Leveleux-Teixeira que je remercie de tous ses éclaircissements
■ 32. *B*, p. 155-156, trad. fr. (modifiée), p. 157.
■ 33. *B*, p. 205-209, trad. fr., p. 216-221, interrogatoire de Michele Soppe, paysan de Santa Maria la Longa, juillet 1649.
■ 34. *B*, p. 180-183, trad. fr., p. 184-190, interrogatoire de Maria Panzona, femme d'un tonnelier de Latisana, juin 1618.

Plus exactement sans doute, il faudrait dire que les *benandanti* ont le plus souvent *nié avoir renié* la foi du *credo*. Cette double négation avait ses mystères, mais qui se résorbaient dans un *credo* fidèlement récité, image d'une *literacy* paysanne en partie figée dans les formules de prière et de foi. En cela, le contraste est fort avec ce qu'on observe chez Menocchio. *Le fromage et les vers* est une vaste enquête sur, précisément, le *credo* singulier du meunier frioulan[35]. Menocchio résume ainsi l'histoire de ses démêlés avec les juges :

> J'ai été appelé et j'ai été interrogé au sujet du *Credo*, et autres fantaisies qui m'étaient venues en tête, pour avoir lu la Bible et pour avoir l'esprit subtil ; mais j'ai toujours été chrétien et je le suis encore.[36]

Ginzburg a listé les « Je crois » de Menocchio : « je crois que le Dieu éternel a extrait de ce chaos [...] la lumière la plus parfaite comme on fait pour le fromage », « je crois que le Christ est un homme comme nous, né d'un homme et d'une femme comme nous », « je ne crois pas que le jour du Jugement nous puissions ressusciter avec notre corps »...[37] Ce sont là des articles de foi, aux yeux de Menocchio comme de son interrogateur, car les articles de la foi sont la matière de tout l'interrogatoire :

> Et à l'inquisiteur qui le harcelait en lui demandant s'il n'avait jamais « raisonné avec quelques personnes sur les articles de la foi ? et avec qui, quand et où ? », il répondit qu'il avait parlé des « articles de la sainte foi avec quelques personnes en plaisantant (*burlando*), mais il ne savait vraiment pas avec qui, ni où, ni quand ». Réponse imprudente. L'inquisiteur le réprimande sévèrement : « Comment plaisantiez-vous des choses de la foi ? Convient-il de plaisanter des choses de la foi ? Comment comprenez-vous ce mot "plaisantant" ? »[38]

## VII

La « plaisanterie » pose la question de la sincérité de Menocchio. Notons cependant que, sincères ou insincères, sérieuses ou non, les croyances du meunier se sont dans tous les cas déposées dans des articles de foi, et que c'est sous cette forme littéralement *articulée* qu'elles ont été évaluées à la fois par leur auteur et par ses juges. Deux rapports sont donc à distinguer : le rapport de Menocchio à ses propres croyances, et sa relation à l'obligation de la confession.

Sur le premier point, les inquisiteurs semblent avoir employé toutes les ressources de la pragmatique pour tester le *discursive commitment* des locuteurs : « Quand vous disiez que Dieu n'existe pas, est-ce que vous pensiez vraiment, du fond du cœur, que Dieu n'existe pas ? »[39] Il en va de même de

---

35. Je rejoins Ch. Grellard, « Comment l'hérésie est-elle possible ? Remarques sur le cas Menocchio », dans ce dossier, p. 61.

36. *FV*, p. 128, trad. fr., p. 197-198.

37. *FV*, p. 67, trad. fr., p. 118 ; p. 82, trad. fr., p. 138 ; p. 95, trad. fr., p. 155. Voir aussi p. 36, 43-44, 83, 93, 96, 129, 130, trad. fr., p. 78, 87, 139, 152, 156, 199, 201.

38. *FV*, p. 128, trad. fr., p. 198-199.

39. *FV*, p. 100-101, trad. fr., p. 162, interrogatoire de Melchiorre Gerbas, menuisier de Montereale, « seul disciple avoué » de Menocchio, avril 1584.

la recherche des inférences valides à tirer des articles de la foi de Menocchio, dont témoigne ce passage quasiment brandomien :

> Je crois que, nous autres hommes, nous avons tous un esprit de Dieu, qui, si nous faisons le bien, est joyeux, et si nous faisons le mal est de mauvaise humeur.
> — Voulez-vous dire que cet esprit est celui qui est né de ce chaos ?
> — Je ne sais pas.
> — Avouez la vérité, recommença, implacable, le vicaire, et répondez à cette question : puisque vous dites que les âmes retournent à la majesté de Dieu, et que Dieu est air, eau, terre et feu, comment croyez-vous donc qu'elles retournent à la majesté de Dieu ?
> — Je crois que notre esprit, qui est l'âme, retourne à Dieu comme il nous l'a donné. [40]

Les revirements de Menocchio quant au « sérieux » à accorder ou non à ses articles de foi ont très logiquement dépendu de son évaluation du danger où le mettait son procès. Ginzburg a noté que le meunier a d'abord récusé toute « plaisanterie », au contraire de ce qui suivra [41]. Le phénomène le plus remarquable réside toutefois dans la « franchise » (*spregiudicatezza*) de Menocchio [42], que Ginzburg relie à la situation où il se trouvait placé :

> [...] être interrogé et écouté avec tant d'attention par des frères aussi savants (il y avait même un notaire qui transcrivait ses réponses) devait être presque enivrant pour lui qui n'avait eu jusque-là qu'un public composé à peu près uniquement de paysans et d'artisans quasi analphabètes. [43]

Il y a quelque chose d'évangélique dans les « certitudes » (*sicurezza*) de Menocchio [44], sa façon d'écarter toute prudence et tout calcul de ses déclarations [45] : une « insolente liberté » [46], une *parrêsia* évangélique ou paulinienne (Ac 9, 27 ; Eph 6, 19-20), la plérophorie, cette assurance de conviction dont parlent aussi plusieurs épîtres de Paul (Col 2, 2 ; 1 Th 1, 5, etc.). C'est exactement ce que relevait l'accusation : le suspect n'hésite pas à « *praedicare et dogmatizare* » [47]. Mais outre cette joie d'avoir enfin trouvé son public, l'attitude de Menocchio s'explique en grande partie par la *scène* devant laquelle il a été mené : une scène de confession de foi, qui depuis l'origine (Mt 10, 32-33 ; Lc 12,8-9) est une scène de tribunal, par un lien qui semble constitutif entre accusation et proclamation [48].

Parlerons-nous alors d'une confession de foi hérétique ? Sans doute, mais le plus important n'est pas là : il est bien dans la relation à l'institution de confession, dans toutes ses dimensions. La confession de foi de Menocchio

---

■ 40. *FV*, p. 88, trad. fr., p. 145. Voir R. B. Brandom, *Making It Explicit. Reasoning, Representing and Discursive Commitment*, Cambridge (Mass.)-London, Harvard University Press, 1994, p. 199-271.
■ 41. *FV*, p. 9, p. 43.
■ 42. *FV*, p. 105, trad. fr., p. 168.
■ 43. *FV*, p. 94, trad. fr., p. 153.
■ 44. *FV*, p. 35, trad. fr., p. 77.
■ 45. *FV*, p. 25, trad. fr., p. 64, et surtout p. 81, trad. fr., p. 137.
■ 46. *FV*, p. 123, p. 192.
■ 47. *FV*, p. 4, trad. fr., p. 36.
■ 48. Ph. Büttgen, « Formules de foi et d'attestation », *Philosophie* 145, 2020/2, p. 30-46.

inclut une critique de la confession des péchés. C'est même le plus développé de ses articles de foi :

> De la confession il avait coutume de dire : « Aller se confesser aux prêtres et aux moines, autant aller se confesser à un arbre ». Quand l'inquisiteur lui répéta ces mots, il expliqua avec une pointe de suffisance : « Si cet arbre savait donner la teneur de la pénitence, cela suffirait, car il y a des hommes qui vont se confesser aux prêtres parce qu'ils ne savent pas quelle pénitence ils ont à faire pour leur péché ; ils veulent qu'on le leur dise ; mais s'ils le savaient, ils n'auraient pas besoin d'y aller ; et ceux qui le savent n'ont pas à y aller ». Ces derniers, il faut qu'ils se confessent « dans leur cœur, à la majesté de Dieu, et qu'ils le prient de pardonner leurs péchés ».[49]

Ginzburg caractérise très justement ce « refus de la valeur sacramentelle de la confession »[50], qui à la fin paraît chercher à enfermer celle-ci dans un paralogisme (aller à confesse pour se découvrir pénitent). On peut ajouter que Menocchio, ici, déstabilise profondément l'édifice de la confession chrétienne. Car la confession est bien, selon un mot de Foucault, une « fourche » du christianisme, et elle a fait de celui-ci, bien avant la rupture de 1215, une « religion de la confession » où se rejoignent deux régimes, régime de la foi et régime de l'aveu, distincts mais pleinement solidaires[51]. Menocchio a rompu cette solidarité en éliminant la confession des péchés dans sa forme prescrite par l'Église, tout en élaborant une version superlative de la confession de foi. Au regard de la procédure judiciaro-pénitentielle de l'Inquisition, qui postulait la nécessaire congruence entre confession des péchés et confession de foi, pénitence sincère et *credo* conforme, il ne pouvait y avoir de plus grande transgression[52].

## VIII

Le livre le plus mal connu de Ginzburg est celui qu'il a consacré au nicodémisme au XVIᵉ siècle[53]. À ma connaissance, il n'a fait l'objet d'aucune traduction, même si son importance fut très tôt reconnue[54]. La date de publication, 1970, est remarquable. Entre *Les batailles nocturnes* et *Le Fromages et les vers*, deux enquêtes de micro-histoire qui revendiquaient de se placer au ras des archives, Ginzburg pouvait faire paraître une étude d'histoire intellectuelle d'apparence tout à fait classique. Mais y avait-il vraiment rupture ? Le savoir virtuose de ce *Nicodemismo*, qui a épuisé les

49. *FV*, p. 14, trad. fr., p. 49-50.
50. *FV*, p. 53, trad. fr., p. 100.
51. Ph. Büttgen, « Foucault's Concept of Confession », *Foucault Studies* 29, April 2021, p. 6-21. Voir M. Foucault, *Du Gouvernement des vivants. Cours au Collège de France (1979-1980)*, M. Senellart (éd.), Paris, EHESS-Gallimard-Seuil, 2012, p. 82-83.
52. La chose se vérifie dans l'attention portée à la confession et à la communion fréquentes de Menocchio après son assignation à résidence à Montereale en 1586 : *FV*, p. 118, 123, trad. fr., p. 185, 191-192, et déjà p. 6, 10, trad. fr., p. 39, 44, qui montrent que le choix initial de Menocchio d'aller se confesser *fuori dal paese* a pesé dans la dénonciation qui l'a visé. Lors de son second procès en 1599, Menocchio revendique le respect de l'obligation de confession : *FV*, p. 128, 132, trad. fr., p. 198, 203. Son exécution survient peu après.
53. C. Ginzburg, *Il nicodemismo. Simulazione e dissimulazione religiosa nell'Europa del '500*, Torino, Einaudi, 1970 (abr. *N*).
54. Voir le c. r. de Jean Séguy, *Archives de sciences sociales des religions* 33 (1972), p. 244-245.

fonds des bibliothèques européennes, montre plutôt que l'érudition, chez Ginzburg, est la micro-histoire des élites.

L'idéaltype religieux du nicodémisme – du nom de Nicodème, pharisien et « chef des juifs » venu trouver Jésus secrètement pendant la Pâque (Jn 3, 1-21) – a été forgé par Calvin autour de 1540 pour dénoncer la dissimulation (« cach[er] ce qu'on a dedans le cœur ») et la simulation (« faire semblant et feindre ce qui n'est point »), autrement dit « cacher un dissentiment religieux », « prononcer des mots et accomplir des actes qui manifestent une foi que l'on n'a pas »[55]. Ces comportements de feintise, connus depuis les premiers marranes au XVe siècle, sont très souvent signalés dans le contexte des tensions confessionnelles après 1520. Leur approche a pu varier. Calvin construisait le nicodémisme comme un *label* permettant de regrouper plusieurs « espèces » d'individus qu'il se gardait de nommer : prêtres, prélats, philosophes et « commun peuple », tous concernés par le camouflage religieux[56]. Ginzburg a pour sa part cherché à repérer une *mouvance* attachée à une personnalité singulière, Otto Brunfels (1488-1534), humaniste strasbourgeois dont le livre de 1970 a fait découvrir l'itinéraire, « d'Érasme à l'anabaptisme ou, mieux, au spiritualisme extrême, en passant par Luther et Karlstadt »[57].

Le choix de Ginzburg a été contesté : plus qu'un « mouvement » à part entière, il faudrait voir dans le nicodémisme une « attitude » ou « réponse défensive » provoquée par la persécution des protestants[58]. Cette alternative paraît forcée (l'un empêche-t-il l'autre ? ), et Ginzburg n'affirme nulle part que le nicodémisme « fut la création d'un groupe particulier d'individus »[59]. La méthode est plus subtile. Faisant le choix du singulier, Ginzburg a retracé la trajectoire d'*un* livre et d'*un* auteur, les *Pandectae* de Brunfels (1527), « manifeste du nicodémisme »[60], dans les détails les plus infimes de sa réception en France, Angleterre, Italie et dans le Saint-Empire, jusqu'au moment où, au milieu du XVIe siècle, « l'attitude nicodémite [fut] tellement répandue en Europe qu'il [devint] impossible de la rapporter à une tradition précise »[61]. C'est, à la lettre, ce que les critiques de Ginzburg lui reprocheront d'ignorer, à ceci près que Ginzburg en a fait un résultat et non un postulat de sa recherche.

Partir d'un *hic et nunc*, « Strasbourg, 1527 »[62], d'un livre qui fit mouvance avant de faire label, sans qu'il faille à chaque étape postuler une causalité directe, bien plutôt des rencontres et des agrégations, des frôlements sans

---

■ 55. Successivement Jean Calvin, *Petit traité montrant que c'est que doit faire un homme fidèle, connaissant la vérité de l'Évangile, quand il est entre les papistes* (1543), in *Œuvres*, F. Higman et B. Roussel (éd.), Paris, Gallimard, « Bibliothèque de la Pléiade », 2009, p. 510 et J.-P. Cavaillé, « Nicodémisme et déconfessionnalisation dans l'Europe de la première modernité », *in* A. Pietsch et B. Stollberg-Rilinger (dir.), *Konfessionelle Ambiguität. Uneindeutigkeit und Verstellung als religiöse Praxis in der Frühen Neuzeit*, Gütersloh, Gütersloher Verlagshaus, 2013, p. 62-74, p. 63.

■ 56. Calvin, *Excuse de Jean Calvin à messieurs les nicodémites, sur la complainte qu'ils font de sa trop grande rigueur*, in *Œuvres, op. cit.*, p. 554-560.

■ 57. *N*, p. 27.

■ 58. C. M. N. Eire, *War Against the Idols. The Reformation of Worship from Erasmus to Calvin*, Cambridge, Cambridge University Press, 1986, p. 239, 250-254.

■ 59. *Ibid.*, p. 253.

■ 60. *N*, p. 88, cf. p. 112.

■ 61. *N*, p. 182.

■ 62. *N*, p. XVI.

amalgame, par exemple entre nicodémisme et spiritualisme[63], nicodémisme et néoplatonisme[64] : Ginzburg s'essayait à une micro-histoire doctrinale, en privilégiant les pouvoirs de l'unique, comme il fera pour Menocchio dans la campagne frioulane. Le malentendu qui en a résulté en dit long sur un certain populisme qui, d'instinct, réservait (et réserve encore) la *microstoria* aux damnés de la terre.

C'est donc, aussi bien, le sens de la subalternité que Ginzburg a très tôt fait évoluer dans son *Nicodemismo*. Il faut y insister : le nicodémisme que Ginzburg étudie est une *doctrine* (Ginzburg assume, souligne et répète le terme), concentrée dans un point fixe, la « doctrine de la légitimité de la simulation religieuse »[65]. Cette doctrine dit précisément : « il est permis de dissimuler et de feindre devant les impies pour éviter ou prévenir un danger »[66]. Par là, il fallait bien entendre une « position religieuse précise et réfléchie, non pas un état d'esprit diffus et impalpable, et encore moins un mixte de doctrines contradictoires »[67]. La précision des itinéraires bibliographiques retracés par Ginzburg, encore une fois jusqu'aux plus infimes détails[68], rendait d'emblée oiseux le choix entre le nicodémisme comme « attitude » ou « mouvement ». La peur de la persécution pesait à coup sûr, mais la pensée n'en était pas condamnée au « diffus » et à l'« impalpable ». La *microstoria* s'impose ainsi en histoire des doctrines, comme histoire des exceptions qui ne confirment pas la règle mais font la différence – et par là, sans doute, *refont* la règle.

La simulation en religion comme doctrine, « conscience dure, nette, sans illusions ni complaisance moralisatrice »[69] : par là, Ginzburg destinait l'étude des dissidences religieuses à tout autre chose qu'aux récits convenus de la modernité. « Je ne voudrais pas être compté parmi les thuriféraires de la tolérance *tout court* » : face à ses sources, Ginzburg a réfléchi sa « relation contradictoire de continuité et de distance »[70], familière étrangeté, sympathie lointaine qu'on ressentait déjà face aux *benandanti*. Le grand narratif de la tolérance, à travers les premiers exemples d'un « désengagement confessionnel secret »[71], ne pouvait de nouveau être atteint qu'en fin de démonstration, et non postulé comme un préalable[72].

63. *N*, p. 57-60, cf. p. 128-131, sur Brunfels et Sebastian Franck (1499-1542), figure de la dissidence protestante, établi à Strasbourg en 1530 ou 1531 avant de fuir à Ulm puis Bâle.

64. *N*, p. 87-88, sur Brunfels et Jacques Lefèvre d'Étaples (vers 1455-1536), maître de l'évangélisme français, un temps émigré à Strasbourg.

65. *N*, p. XIV, 70, 172-173, cf. p. 203, n. 1, où Ginzburg assume son « point de vue *doctrinal* ». Je remercie Iacopo Costa de son aide linguistique en plusieurs endroits.

66. *N*, p. 78, n. 2, citant Brunfels, *Pandectarum veteris et novi Testamenti libri XII*, Strasbourg 1527, f. 191v°.

67. *N*, p. XVI.

68. *N*, p. 60, n. 3 ; p. 67, n. 1 ; p. 102-103 ; p. 140, n. 3 ; p. 194, n. 2, pour quelques exemples de micrologie virtuose à partir des fonds de la BNU de Strasbourg, du British Museum et des archives de Bologne.

69. *N*, p. 79.

70. *N*, p. XVII, italiques en français dans le texte.

71. J.-P. Cavaillé, « Nicodémisme et confessionnalisation... », art. cit., p. 64. Propos développé dans *Dis/simulations. Jules-César Vanini, François La Mothe Le Vayer, Gabriel Naudé, Louis Machon et Torquato Accetto. Religion, morale et politique au XVIIᵉ siècle*, Paris, Champion, 2002. Pour un point plus récent, cf. A. Pietsch, « Libertinage érudit/Dissimulation/Nikodemismus. Zur Erforschung von gelehrter Devianz », in H. Jaumann et G. Stiening (eds.), *Neue Diskurse der Gelehrtenkultur in der Frühen Neuzeit. Ein Handbuch*, Berlin-Boston, de Gruyter, 2016, p. 163-196.

72. *N*, p. 191-192.

Le nicodémisme et sa justification au XVIᵉ siècle, à travers une « doctrine de la légitimité de la simulation », ont bâti une *défense du secret* bien avant la proclamation du principe de libre examen. Il y a une histoire *implicite* de la tolérance moderne : histoire d'une tolérance d'avant "la tolérance", histoire de l'implicite, du droit à l'implicite, en partie confondu avec un droit à l'indifférence[73]. C'est bien sûr aussi une histoire des migrations religieuses, des exils et des asiles, que Ginzburg a restituée dans ses dimensions concrètes à partir de Strasbourg, « épicentre » des radicalités religieuses à partir de 1525[74].

## IX

Qu'est-ce que l'implicite autour de 1600 ? *Ce qui n'est pas confessé.* L'histoire que retrace le *Nicodemismo* de Ginzburg ne pouvait se développer que dans une tension avec l'injonction de l'aveu et de la confession, que *Les batailles nocturnes* avaient commencé à étudier. Nous retrouvons l'articulation propre à la confession, clairement orientée vers la confession de foi. Peut-être est-ce une accentuation propre à la première modernité, quand les hérésies se firent Églises en multipliant les confessions de foi : Confession d'Augsbourg, Confession Tétrapolitaine (1530), *Instruction et confession de foi dont on use en l'Église de Genève* (1537), etc. Chez Calvin, la principale objection contre la prudence religieuse est celle qu'élève le devoir pour tout vrai chrétien de déclarer sa foi « par profession extérieure »[75]. Ginzburg relève les mêmes arguments à Bâle, chez Œcolampade (1482-1531), à Zurich, chez Heinrich Bullinger (1504-1575)[76]. Le nicodémisme est une critique de la confession : ce fut, aux XVIᵉ et XVIIᵉ siècles, sa principale définition et c'est ce qui a fait de lui, comme l'écrit Ginzburg, une position « inavouable » (*inconfessabile*) en son temps[77].

On pourrait poursuivre : le nicodémisme, christianisme sans confession, non confessionnel, sans dogme ni Église, selon la direction empruntée au même moment par Kołakowski ?[78] Ce n'est qu'en partie vrai. L'originalité de Ginzburg, qui explique au fond les réticences dont son livre a fait l'objet, réside bien dans son insistance sur le nicodémisme *comme doctrine*, c'est-à-dire comme thèse explicite, explicitée, ce qui n'est pas incompatible avec sa circulation clandestine. Le nicodémisme apparaît alors comme une fusion des contraires, une *doctrine explicite de l'implicite*, une « conscience dure et nette » du droit de ne pas l'être. Par là s'affirmait, très tôt chez Ginzburg, un sens de l'ambiguïté auquel je reviendrai.

Pour le moment, nous pouvons noter que si, pour les nicodémites, la confession de foi a pu relever de ce que Kołakowski appelait, en mêlant Lukács à Durkheim, les « formes réifiées de la vie religieuse »[79], il n'en est

---

■ 73. Sur l'indifférentisme religieux, voir *N*, p. 52, 82.

■ 74. *N*, p. 106, 165.

■ 75. Calvin, *Petit traité...*, *op. cit.*, p. 508-510, à partir des lieux bibliques habituels sur l'obligation de la confession de foi : Lc 9, 26 ; Rm 10, 9-10 ; 1 P 3, 15.

■ 76. *N*, p. 106-107 et p. 148. Sur Calvin, cf. *N*, p. 202.

■ 77. *N*, p. XVI : « *un atteggiamento clandestino e sfuggente, privato e quasi inconfessabile* ».

■ 78. L. Kołakowski, *Chrétiens sans Église. La conscience religieuse et le lien confessionnel au XVIIᵉ siècle* (1969), trad. fr. A. Posner, Paris, Gallimard, 1987². Je ne développe pas la question ecclésiologique, dont Ginzburg a vu l'importance : cf. *N*, p. 53, 59, 91, 128.

■ 79. L. Kołakowski, *Chrétiens sans Église*, *op. cit.*, p. 798.

pas allé de même pour la doctrine. Alors que nous sommes portés à voir dans le doctrinal et le doctrinaire les corrélats de la confession dans toutes les orthodoxies religieuses, les nicodémites les ont semble-t-il conservés sans difficulté[80]. En somme, le premier nicodémisme a subverti l'idée de doctrine, comme les *benandanti* ont, au même moment, subverti la pratique de la confession.

## X

Le rapprochement entre Mcnocchio et le nicodémisme est opéré dans *Le fromage et les vers*. Ginzburg relève qu'à l'issue du premier procès du meunier, le « respect apparent des rites et des sacrements de l'Église », au premier rang desquels se trouvait la confession régulière des péchés, « masquait, chez Menocchio, une fidélité obstinée à ses vieilles croyances »[81]. Il est possible que le second procès, en 1599, ait conduit Menocchio à développer une position nicodémiste consciente, en même temps qu'il affinait sa « doctrine de la tolérance » : « il vaut mieux simuler »[82]. Il se peut enfin que ce passage au nicodémisme ait été motivé, chez Menocchio, par le constat de tout ce qui le séparait culturellement de ses interrogateurs :

> Il se rendait clairement compte que ses idées étaient différentes de celles de ses interrogateurs ; mais par moments, les mots pour exprimer cette différence lui manquaient.[83]

Il y a donc un lien étroit entre la feinte religieuse et l'épistémologie de l'aveu. Ginzburg a construit ce lien à partir des constats les plus ardus, et toujours les plus inattendus pour ceux qui cantonnent la *microstoria* aux paysages ruraux. Car non seulement il y a, on l'a vu, une micro-histoire doctrinale, mais Ginzburg, dans son *Nicodemismo*, a fortement insisté sur l'« aristocratisme » de cette « religion d'intellectuels » formée dans l'humanisme[84]. Affleurait alors un intérêt pour une radicalité religieuse, celle de la Réforme, que le « sectarisme » n'effrayait pas[85]. Mais la radicalité, au XVIe siècle comme en d'autres temps, pouvait-elle être seulement aristocratique ?

En vérité, Ginzburg entendait bien relier les points les plus éloignés. Nous revenons au point de départ : on ne saisit pas les remarques du *Fromage et les vers* sur les « convergences souterraines », puis sur les « racines populaires » de la « haute culture », découvertes dans l'ébranlement de la Réforme[86], si

80. Ph. Büttgen, « Was heißt konfessionelle Eindeutigkeit? Konzeptionelle Überlegungen zum frühneuzeitlichen Begriff der *doctrina* », in A. Pietsch et B. Stollberg-Rilinger (eds.), *Konfessionelle Ambiguität, op. cit.*, p. 27-38. La question de la religion naturelle comme « *credo* minimum » (J. Lagrée, *La religion naturelle*, Paris, P.U.F., 1991) est encore distincte, même si Ginzburg évoque une « foi réduite à un petit nombre de points fondamentaux », un « christianisme pratique, étranger aux complexités théologiques » (*N*, p. 55, cf. *FV*, p. 13, trad. fr., p. 48, la « religion simplifiée » de Menocchio). Le *Nicodemismo* de Ginzburg fait voir la nécessité de distinctions fines, encore à construire, entre foi, confession et doctrine pour rendre compte de la variation entre formes non instituées de religion à l'âge classique : religion naturelle, rationnelle, christianisme non confessionnel ou transactionnel (« moyenneurs »), dissidence, indifférentisme.
81. *FV*, p. 124-125, trad. fr., p. 193-194.
82. *FV*, p. 131, trad. fr., p. 202, et en note un renvoi au *Nicodemismo* de 1970.
83. *Ibid.*
84. *N*, p. XV-XVI (« *una religione per intellettuali... intimamente aristocratica* »), 129, 132, 150.
85. *N*, p. 81-83, 99. Ginzburg est ici redevable du classique très discuté de G. H. Williams, *The Radical Reformation* (1962), Kirksville (MO), Truman State University Press, 2000³ (cf. *N*, p. XIII, n. 2).
86. *FV*, p. 63, trad. fr., p. 113 et p. 155, trad. fr., p. 233, voir plus haut, n. 5 et 7.

on ne les rapporte pas à ce qui constitue une thèse elle aussi centrale du *Nicodemismo* de 1970. Pour Ginzburg, le nicodémisme a constitué une réponse à la répression de la révolte agraire devenue Guerre des Paysans en 1524-1525, massacre commis avec le soutien de l'Église mais aussi, on le sait, de Luther. Brunfels, après avoir rejoint la Réforme, avait sympathisé avec la cause paysanne. Son nicodémisme vint ensuite, comme « habillage idéologique de la défaite des paysans », légitimer, dans la simulation religieuse, une « soumission purement extérieure à l'autorité »[87].

La perspective peut être précisée. La micro-histoire doctrinale de la feinte religieuse, avec tout l'« aristocratisme » qu'elle relève dans ses sources, ne s'origine pas d'abord dans un livre, les *Pandectes* de Brunfels. Ce livre importe parce qu'il résulte d'un « trauma », celui de la « défaite historique » des paysans, souabes d'abord, saxons ensuite avec Thomas Müntzer, dont le nicodémisme fut la « traduction religieuse »[88] : une « religion d'intellectuels », donc, dans l'espoir (sans doute dérisoire) de refouler un trauma populaire. La *microstoria*, en ce sens, a prolongé l'une des grandes rencontres de la modernité entre la révolution, la philosophie et la pratique de l'histoire, qui s'est scellée en 1850 dans *La Guerre des Paysans* d'Engels[89]. Cette tradition éclaire toute la dialectique que Ginzburg a étudiée entre cultures dominantes et cultures subalternes, sous le signe de l'aveu.

En plaçant ses recherches sous l'égide de son maître de la *Normale* de Pise, Delio Cantimori (1904-1966), historien de la Réforme et de l'évangélisme italien, militant communiste jusqu'en 1956, traducteur, avec sa femme, du *Capital* de Marx après un premier engagement fasciste favorisé par Gentile, Ginzburg savait qu'il perpétuait une longue et complexe lignée[90]. À quel point, cependant, était-il conscient que cette tradition est aussi celle de la confession et de ses refus ? Engels et Marx ne l'étaient pas davantage.

## XI

Dans sa postface de 2017 aux *Batailles nocturnes*, revenant sur le motif de l'inquisiteur anthropologue, Ginzburg reconnaissait : « la réflexion sur l'ambiguïté ne m'a plus quitté depuis »[91]. Nous savons maintenant ce qui a provoqué cette réflexion : un soigneux brouillage de l'implicite et de l'explicite, la constante subversion de l'aveu et de la confession par les subalternes, qu'ils aient été paysans du Frioul ou aristocrates de la pensée. Ginzburg a construit le problème de l'ambiguïté en historien, en partant de ce qui s'est imposé, à l'inverse, comme la contrainte d'univocité la plus massive de la

■ 87. *N*, p. 43-51, sp. p. 50.
■ 88. *N*, p. 65, 100, 118.
■ 89. Je renvoie à la dernière édition française, F. Engels, *La Guerre des paysans en Allemagne*, trad. fr. E. Bottighelli (1974), Paris, Éditions Sociales, 2021, avec l'introduction historiographique de Rachel Renault. Voir Ph. Büttgen, « La sécularisation de la folie. Marxisme et protestantisme vers 1848 », *in* M. Foessel, J.-F. Kervegan et M. Revault d'Allones (dir.), *Modernité et sécularisation. Hans Blumenberg, Karl Löwith, Carl Schmitt, Leo Strauss*, Paris, CNRS Éditions, 2007, p. 123-143. C'est bien sûr ici que l'étude de la médiation gramscienne chez Ginzburg doit s'insérer.
■ 90. Le *Nicodemismo* de 1970 est dédié à la mémoire de Cantimori. Aux origines, voir *B*, p. 17, trad. fr., p. 18. Cf. R. Pertici, *Mazzinianesimo, fascismo, comunismo. L'itinerario politico di Delio Cantimori (1919-1943)*, Milano, Jaca Book, 1997.
■ 91. *B*, « *I Benandanti*, cinquant'anni dopo », p. 292, trad. fr., p. XV.

première modernité : la confession, comme pénitence et proclamation. Et il est arrivé, comme on l'a vu, que la subversion subalterne de la confession passe exactement *entre* ces deux sens, pénitence et proclamation.

À ce stade, l'épistémologie de l'aveu, définitivement vaincue par les difficultés de la confession, ne suffisait plus pour prendre en charge les questions que la « réflexion sur l'ambiguïté » amenait avec elle. Les travaux récents de Ginzburg ont replacé l'ambiguïté, comme objet d'enquête historique, sous une rubrique au nom inattendu : une « théologie politique ». Le recueil *Nondimanco* de 2018 a choisi cet exergue pour relier Machiavel et Pascal, dans une série de micro-lectures placées sous le signe de la *Théologie politique* de Schmitt : « Est souverain celui qui décide de la situation exceptionnelle »[92]. Ginzburg, qui n'est ni théologien ni politique, s'est saisi de cette discipline instituée par Schmitt comme un scandale pour repenser le rapport entre ambiguïté et exception.

Le *Nicodemismo* de 1970 s'était attaché à penser l'exception dans la doctrine, avant que *Le fromage et les vers* ne la recherche dans les archives. La *microstoria* alliée à la théologie politique se fait maintenant *casuistique*. Elle cherche à relier le cas et l'exception, et ce jusque dans la plus anti-casuistique des pensées, les *Provinciales*. Au moment d'invoquer Schmitt, les analyses de Ginzburg rallient Strauss et l'« art d'écrire », en décelant chez Pascal un même « art du non-dit » que chez Machiavel[93]. Par là, la micro-histoire s'ancre plus encore dans son univers politique et religieux, celui qui, en vérité, surdéterminait déjà l'histoire sociale des *Batailles nocturnes* et du *Fromage et les vers*. La nouveauté est qu'elle rencontre désormais cet univers dans ses méthodes mêmes, dont elle fait l'histoire en retraçant les origines scolastiques de la pensée par cas[94].

Qu'est-ce qui, précisément, relie le cas et l'exception, la casuistique et la *microstoria*? Toutes les singularités relèvent-elles de la même approche? La théologie politique de Ginzburg laisse ces questions sans réponse, sans doute parce qu'elle entend viser plus haut : vers l'essence de la connaissance historique. La théologie politique de Ginzburg est une théologie politique d'historien dans un sens très radical : son objet premier est l'histoire et sa possibilité.

## XII

En 2003, Ginzburg a renvoyé la possibilité de l'histoire à l'invention de la perspective, une certaine invention du moins, située chez Augustin rhéteur et théologien[95]. Il inaugurait par là une nouvelle phase de sa réflexion. L'idée de

92. C. Ginzburg, *Nondimanco. Machiavelli, Pascal*, Milano, Adelphi, 2018, p. 11, *cf.* C. Schmitt, *Politische Theologie. Vier Kapitel zur Lehre von der Souveränität* (1922), Berlin, Duncker & Humblot, 2015[10], p. 13, trad. fr. J.-L. Schlegel, *Théologie politique*, Paris, Gallimard, 1988, p. 15.

93. C. Ginzburg, « Parole oblique. Nell'officina delle *Provinciali* », in *Nondimanco, op. cit.*, p. 188. Le Leo Strauss de Ginzburg est celui des *Thoughts on Machiavelli* (1958), en plus de *La Persécution et l'art d'écrire* (1952) : voir par ex. *Ibid.*, p. 153-155.

94. *Ibid.*, p. 19-42, 79-99.

95. C. Ginzburg, « Distanza e prospettiva. Due metafore », in *Occhiacci di legno. Dieci riflessioni sulla distanza* (1998), Macerata, Quodlibet, 2019, p. 203-226, trad. fr. P.-A. Fabre, « Distance et perspective. Deux métaphores », in *À distance. Neuf essais sur le point de vue en histoire*, Paris, Gallimard, 2001, p. 147-164.

point de vue, pour faire droit à une vérité du passé, est née de l'hypothèse d'une « adaptation de Dieu au genre humain ». Le *De doctrina christiana* postulait cette adaptation pour rendre acceptables les passages les plus scabreux de l'Ancien Testament, sur les sacrifices ou la polygamie des Patriarches. L'instrument de compréhension venait de la rhétorique : l'*aptum* (πρέπον), adaptation à l'auditoire et aux circonstances qu'Augustin dans sa jeunesse avait pensée dans le discours et qu'il a ensuite projetée dans le temps. La Providence, comme accommodation, devenait la première façon de penser le changement historique[96].

Cette théologie de l'histoire, chez Ginzburg, est politique car marquée d'une ambiguïté première, l'« ambivalence chrétienne envers les juifs »[97]. L'histoire elle-même est la « projection sécularisée » de cette ambiguïté qui repose sur l'appropriation d'un passé à la fois vivant et forclos, celui des livres saints des Hébreux (l'« Ancien Testament »), à travers la revendication des chrétiens d'être la vérité d'Israël, *verus Israël*, Israël restitué et relevé[98]. Machiavel, Leibniz, Nietzsche ne feront qu'ajouter des variantes à ce qui s'est d'emblée imposé, chez les chrétiens, comme un perspectivisme. La science de l'histoire reste définitivement biblique selon Ginzburg, et il revient à une théologie politique d'assumer tant bien que mal le « malaise » devant ce constat, l'écharde dans la chair d'un historien non chrétien, mais aussi de tout historien qui ne voudrait pas être défini par le christianisme[99].

## XIII

À la théologie politique ainsi comprise, les plus récents essais de Ginzburg, rassemblés en 2021 dans le recueil *La Lettera uccide*, ont imprimé une direction résolument herméneutique. Paul remplace Augustin, et le perspectivisme chrétien se loge maintenant dans la distinction de la lettre et de l'esprit (2 Cor 3, 6), deux manières de saisir l'Alliance de Dieu avec Israël et (ou) toute l'humanité. Le « malaise » de 2003 se cherche un remède dans ce que le christianisme a présumé comme un mal : « sombrer dans la lettre » (*sprofondarsi nella lettera*), nouveau mot d'ordre expressément relié aux ambitions de la micro-histoire[100]. Celle-ci, en cinquante ans, sera donc passée chez Ginzburg de l'exception au cas, puis du cas à la lettre : ce développement est à noter. Sous l'autorité constamment revendiquée du *Traité théologico-politique* de Spinoza, Ginzburg a transformé sa *microstoria* en *close reading*, exégèse de détail à chaque instant traversée par le « trait d'union », et de désunion, judéo-chrétien[101]. Le rapprochement croissant, après *Le fromage et les vers*, avec les auteurs du canon (Augustin dans les *Occhiachi di legno*, Machiavel et Pascal dans *Nondimanco*, mais aussi Aristote dans les *Rapporti di forza*, Montaigne dans *La lettera uccide*, et tant d'autres, tous

96. C. Ginzburg, « Distanza et prospettiva. Due metafore », art. cit., p. 207-214, trad. fr., p. 151-155.
97. *Ibid.*, p. 215, trad. fr., p. 156.
98. *Ibid.*, p. 215, 223, trad. fr., p. 156, 162.
99. *Ibid.*, p. 215-223, 225, trad. fr., p. 156-161, 163.
100. C. Ginzburg, *La lettera uccide*, Milano, Adelphi, 2021, p. X-XII.
101. *Ibid.*, p. X. Sur Paul, le rapprochement s'impose avec J.-F. Lyotard, « D'un trait d'union », *Rue Descartes* 4 (1992), p. 47-60.

enrichis par les détours de l'érudition et un « usage oblique d'Internet »[102]),
a à l'évidence contribué à cette évolution, par quoi la *microstoria* est passée
de l'atelier de l'historien à une philosophie de la culture réinventée, sous le
nom de théologie politique, par une théologie de l'histoire. Le *Nicodemismo*
de 1970, première micro-histoire appliquée à un contenu doctrinal, nous
prévenait que ce passage pouvait s'opérer sans rupture.

## XIV

La deuxième épître de Paul aux Corinthiens, mentionnée à l'instant,
proclame :

De toute évidence, vous êtes une lettre du Christ confiée à notre ministère,
écrite non avec de l'encre, mais avec l'esprit du Dieu vivant, non sur les tables
de pierre, mais sur des tables de chair, sur vos cœurs. Telle est l'assurance
que nous avons grâce au Christ, devant Dieu. [...] C'est lui qui nous a rendus
capables d'être ministres d'une alliance nouvelle, non de la lettre, mais de
l'Esprit ; car la lettre tue, mais l'Esprit donne la vie. Or si le ministère de
mort gravé en lettres sur la pierre a été d'une gloire telle que les Israélites ne
pouvaient fixer le visage de Moïse à cause de la gloire – pourtant passagère –
de ce visage, combien le ministère de l'Esprit n'en aura-t-il pas plus encore ?
(2 Cor 3, 3-8, TOB).

La réfutation de cette annonce de Paul est le programme actuel de la *microstoria*. Ginzburg a d'abord indiqué :

La lettre tue celui qui l'ignore[103],

avant de radicaliser, dans ce qui est sans doute la proposition théologico-
politique la plus forte des dernières années :

La lettre tue ; l'esprit aussi.[104]

En revenant de la lettre à l'aveu, il faudrait établir le rapport avec la première
ambiguïté qu'ont enseignée les travaux historiques de Ginzburg : les subalternes devront avouer, ils n'avoueront jamais.

**Philippe Büttgen**
Université Paris 1 Panthéon-Sorbonne
Institut des sciences juridiques et philosophiques de la Sorbonne

102. C. Ginzburg, *La lettera uccide*, op. cit., p. XI, cf. *Rapporti di forza. Storica, retorica, prova*, Milano, Feltrinelli, 2000, trad. fr. J.-P. Bardos, *Rapports de force. Histoire, rhétorique, preuve*, Paris, Gallimard-Seuil, 2003, p. 43-56; *La Lettera uccide*, op. cit., p. 163-183.
103. C. Ginzburg, *La Lettera uccide*, op. cit., p. IX, XII.
104. *Ibid.*, « La lettera uccide. Su alcune implicazioni di 2 Cor, 3, 6 », p. 68.

# LES INTROUVABLES
## DES CAHIERS

## DIALOGUE AVEC CARLO GINZBURG[*]

Le livre de Carlo Ginzburg de 1966 *I Benandanti. Stregoneria e culti agrari tra Cinquecento e Seicento* a été publié en français en 1980 sous le titre *Les batailles nocturnes. Sorcellerie et rituels agraires en Frioul XVI-XVII[e] siècle*. Giordana Charuty, philosophe de formation, avait entrepris cette traduction sur les conseils de l'anthropologue Daniel Fabre. En vue de la parution de l'ouvrage chez Verdier, les deux chercheurs français avaient décidé de mener un entretien avec leur collègue historien italien. Cet échange apparaît dans la première édition sous la forme d'une postface, « Dialogue avec Carlo Ginzburg »[1]. Il n'a pas été repris dans l'édition de poche proposée ultérieurement en « Champs-Flammarion » sous le titre *Les batailles nocturnes. Sorcellerie et rituels agraires aux XVIe et XVIIe siècles*[2]. Nous le reproduisons avec l'aimable autorisation des éditions Verdier.

Nous ne nous étendrons pas ici sur les circonstances dans lesquelles cet entretien fut conçu et mené, dans la mesure où les « Situations » de ce numéro, « *Les batailles nocturnes* en français, 40 ans après. Entretien avec Giordana Charuty et Carlo Ginzburg », sont tout entières consacrées à ces enjeux. Giordana Charuty et Carlo Ginzburg ont généreusement accepté de répondre à nos questions, après avoir généreusement donné leur accord pour la reprise de l'entretien de 1980. Précisons seulement, au seuil de ces riches échanges, que Daniel Fabre, dont le rôle dans ce premier transfert franco-italien d'idées fut déterminant, est malheureusement décédé en 2016. Son œuvre, immense, commence d'être rassemblée et elle est largement commentée par les chercheurs en sciences humaines[3]. Il reste à souhaiter que les philosophes s'en emparent.

**Frédéric Fruteau de Laclos et Maririta Guerbo**

* Nous reproduisons ici l'entretien paru en 1980 dans l'édition Verdier des *Batailles nocturnes* : C. Ginzburg, *Les batailles nocturnes. Sorcellerie et rituels agraires en Frioul, XVIe et XVIIe siècle*, trad. fr. G. Charuty, Lagrasse, Verdier, 1980, p. 225-241, © Éditions Verdier.

1. La page de couverture et la table des matières annoncent « Entretien entre Giordana Charuty, Daniel Fabre et Carlo Ginzburg », cependant que les pages en question s'ouvrent par ces mots, « Dialogue avec Carlo Ginzburg » (*ibid.*, p. 225).

2. C. Ginzburg, *Les batailles nocturnes. Sorcellerie et rituels agraires aux XVIe et XVIIe siècles*, trad. fr. G. Charuty, Paris, Champs-Flammarion, 1984, 2e éd. 2019.

3. Voir D. Fabre, *Passer à l'âge d'homme. Dans les sociétés méditerranéennes*, préface de P. Nora, Paris, Gallimard, 2022, et la présentation conçue par les chercheurs qui ont rassemblé ces textes, Nicolas Adell, Agnès Fine et Claudine Vassas : https://www.berose.fr/article2034.html (consulté le 5 avril 2022). L'éditeur, confronté à l'opposition de l'ayant-droit majoritaire de Fabre, n'a pas publié cette présentation ni mentionné les noms de ceux qui avaient effectivement constitué le recueil. Voir également les trois volumes parus aux Éditions de la Maison des sciences de l'homme en 2021 : *Daniel Fabre, l'arpenteur des écarts* (Colloque de Toulouse, 2017) ; *Daniel Fabre, le dernier des romantiques* (C. Voisenat éd.) ; *Bibliographie générale de Daniel Fabre* (C. Bellan éd.).

*Ce livre a un curieux destin qui nous a aussitôt intrigués : une pensée subtile, enrichie d'une conception anthropologique de l'histoire, un document étonnant à bien des égards pouvaient-ils rester à ce point sans grand écho pendant près de quinze années ? C'est pourtant l'impression que nous eûmes en lisant les quelques mentions et les rares comptes rendus qui jetèrent sur les* Benandanti *la lumière, aussi fausse que rassurante, des vieilles questions. Alors que la pensée des élites – qui fondèrent et poursuivirent la chasse aux sorcières en pleine Renaissance et l'abandonnèrent tout soudainement en plein Âge classique – fascinait une histoire des idées en plein essor et orientait son regard vers le groupe des juges, que devenaient sorciers et sorcières autour desquels Michelet avait imaginé un livre visionnaire ? La sorcellerie n'était-elle qu'un des multiples effets de discours d'un pouvoir qui s'absolutise, qui enferme et sépare, qui fonde intellectuellement et pratiquement sa rationalité sur l'exclusion de « l'autre » qui lui sert à se définir ?*

*Les beaux récits frioulans que Carlo Ginzburg découvrit dans les sombres archives de l'église italienne s'élevaient d'un tout autre lieu. La* ratio *théologique des inquisiteurs ne s'imposait à eux que lentement. Bien avant son triomphe nous avions sous le regard une société luttant contre ses peurs familières et bricolant, à grand renfort de rites, une efficace résistance symbolique. Le Saint-Office ici n'invente ni la sorcellerie ni la contre-sorcellerie, il prend acte de sa propre surprise et peu à peu donne la forme banale du discours démonologique dominant à ces récits de rêves où les bons qui savent aussi la vie errante des morts, mènent contre les mauvais leur lutte nocturne et végétale. Les juges, curieux ou effarés, ne pouvaient au début qu'enregistrer cette éruption autonome de croyances et de pratiques partagées et systématisées.*

*La parution en Italie en 1976 d'un nouveau livre de Carlo Ginzburg* Le fromage et les vers *qui restitue à partir d'autres documents judiciaires la cosmologie d'un meunier du XVIᵉ siècle eut un tel retentissement, international cette fois, qu'il devenait urgent de relire le premier livre. Les* Benandanti *ne s'étaient d'ailleurs pas déposés dans un passé sans mémoire mais continuaient à vivre avec leur auteur qui ne cessait de les repenser à nouveau, plus que jamais décidé à poser dans des travaux futurs sur la sorcellerie européenne quelques questions jusqu'alors esquivées. Plutôt que de demander à Carlo Ginzburg de reconsidérer son livre dans une « mise à jour » académique nous avons préféré lui donner une parole qui se confronte à nos propres curiosités : sur la genèse du livre, sa réception, ses silences et ses lendemains. L'entretien a été enregistré à Florence le 9 septembre 1979*[4].

**Giordana Charuty et Daniel Fabre**

■ 4. Les allusions à divers articles et ouvrages sont explicitées dans la note bibliographique après l'entretien.

*— Comment est née cette recherche ?*

— Je voudrais dire tout d'abord que je me méfie beaucoup des reconstructions a posteriori, surtout des miennes. Le risque d'introduire une rationalité et une cohérence là où il n'y a que désordre et hasard me semble presque inévitable. Bien sûr, dans certains cas, il s'agit d'une cohérence cachée que seul le temps rend visible; mais le plus souvent c'est un ordre arbitraire. Pourquoi me suis-je mis à travailler sur les sorcières ? Ce fut une décision soudaine. J'ai tout de suite compris que j'avais trouvé là le thème de nombreuses recherches ultérieures (c'est le cas). Pendant des années, j'avais lu des romans, russes pour la plupart. S'il y a un livre qui a compté dans ma vie, c'est certainement *Guerre et Paix*. En 1957, j'avais commencé mes études universitaires (Pise, l'École Normale Supérieure), sans penser le moins du monde à l'histoire. Puis ce fut la rencontre avec Delio Cantimori. Sa personnalité humaine et scientifique me toucha profondément. Je me mis à lire des livres d'histoire, avec un certain ennui, jusqu'à ce que je tombe sur *Les Rois thaumaturges* de Marc Bloch, grâce à un autre historien qui enseignait à Pise, Arsenio Frugoni. C'est alors seulement que je compris qu'un livre d'histoire pouvait être extraordinairement amusant. Peu après – à l'automne 1959, je crois – j'eus l'idée de travailler sur la sorcellerie. Cette décision soudaine était, je pense, le fruit de la convergence d'une quantité de motifs très différents. Toutes les décisions, y compris les plus banales, sont peut-être surdéterminées. Au niveau conscient, c'était le désir d'affronter un problème difficile, pouvant sembler à première vue presque intemporel, et de l'historiciser. Puis la volonté d'aborder un phénomène aux caractères irrationnels et de l'analyser de façon rationnelle mais non réductrice : je lisais beaucoup Lukács alors, et je n'arrivais pas à accepter son rejet de Dostoievsky et de Kafka (deux écrivains que j'aimais énormément) comme tenants de l'irrationalisme. Je pensais qu'il fallait arracher à l'irrationalisme l'étude de la sorcellerie (de Dostoievsky ou de Kafka), en l'attaquant de front pour ainsi dire. Ce n'est pas là une motivation introduite a posteriori : je me souviens d'avoir formulé très tôt un projet de ce genre qui unifie, je pense, mes recherches ultérieures, très diverses. À un niveau moins conscient, jouait aussi peut-être la lecture du livre de Carlo Levi : *Le Christ s'est arrêté à Eboli*. La description du monde magique de Lucanie m'avait beaucoup frappé, pour avoir peut-être passé ma petite enfance dans une situation à certains égards semblable, dans un petit village des Abruzzes où mon père, antifasciste, était en résidence surveillée (comme Levi, qui d'ailleurs était son ami). Enfin, à un niveau encore moins conscient – si peu conscient que je ne m'en suis aperçu qu'une dizaine d'années plus tard et seulement après qu'un ami me l'eût fait remarquer – le choix de la sorcellerie était certainement lié à mes origines juives et au souvenir très vif de la persécution raciale.

*— C'est la rencontre des marginalités…*

— Oui. Aujourd'hui, le lien me semble très évident; tellement évident que je l'ai écarté très longtemps. Tout cela peut, me semble-t-il, expliquer ma décision non seulement de travailler sur les procès de sorcellerie mais d'étudier les persécutés et non les persécuteurs, la culture des sorcières et des sorciers et non celle des inquisiteurs. D'où un certain déséquilibre qui a pu être relevé dans mon livre sur les *Benandanti*. Les rares travaux sérieux dont on disposait il y a vingt ans, sur la sorcellerie, allaient dans un tout autre sens – je pense notamment à l'essai de Lucien Febvre. Il existe aujourd'hui de nombreuses recherches sur les procès de sorcellerie ; certaines sont excellentes. Ce n'est plus un thème marginal dans l'historiographie. Mais je n'ai pas l'impression qu'on ait beaucoup travaillé dans la voie – bonne ou mauvaise – ouverte par les *Benandanti*.

— *Mais que signifiait, dans le contexte de l'historiographie italienne des années soixante, l'entreprise d'une telle recherche ?*

— C'était incontestablement un sujet peu commun. Je me rappelle qu'un historien connu réagit avec une certaine stupeur tout en essayant aussitôt de trouver une justification plausible : « oui, je comprends, tu veux étudier l'affirmation d'une attitude rationaliste à l'égard de la sorcellerie… ». Le thème, si l'on veut, du livre – non encore publié – de Mandrou. Mais moi je m'intéressais à tout autre chose. Durant de nombreuses années, j'avoue avoir eu l'impression de ne pas être un véritable historien, recevant toutes les formes de consécration. Je me sentais un peu en marge de la corporation. Sentiment, d'ailleurs, qui n'était pas entièrement désagréable. Bien sûr, il y avait De Martino. La lecture du *Monde magique* fut, pour moi, un événement important. Mais De Martino ne faisait pas partie de la corporation des historiens ; de plus il était, alors, tenu très à l'écart. Mais je ne voudrais pas exagérer mon sentiment d'isolement qui, certes, n'avait rien de dramatique. Cantimori manifesta tout de suite de l'intérêt pour mon projet de recherche et me suggéra d'aller voir le fonds inquisitorial conservé aux archives provinciales de Modène. Ce fut une suggestion providentielle car quelques mois auparavant, me trouvant à Londres, j'avais entrepris la lecture des pamphlets concernant l'affaire des possédées de Loudun, conservés au *British Museum*. Dans les archives de Modène, je trouvai des documents très différents – témoignages beaucoup plus directs, malgré les biais inévitables des interrogatoires, des transcriptions des notaires, etc. Et puis, il ne s'agissait pas de religieuses de bonne famille, comme dans le cas des possédées de Loudun, mais de paysans et de paysannes du Modenese. Alors a surgi en moi une curiosité qu'avait nourrie la lecture de *Guerre et Paix* : l'idée d'écrire une histoire d'en bas, au sens où, selon Tolstoï, l'histoire de la campagne de Russie ne peut être écrite qu'à travers l'histoire de tous ses participants, jusqu'au dernier soldat. En soi, ce n'était pas une idée nouvelle. J'avais lu Georges Lefebvre, Marc Bloch : mais je crois que *Guerre et Paix* a beaucoup compté. Peut-être aussi les films néo-réalistes, pourquoi pas ? Dans les motivations d'une recherche, bien des choses interviennent. Donc, en travaillant pour ma thèse, dans les archives de Modène, j'ai découvert un procès contre une métayère, Chiara Signorini, que sa patronne avait chassée de la propriété. Le procès date du début du XVI$^e$ siècle.

Chiara Signorini avait essayé de jeter un sort sur sa patronne qui était tombée malade. Au cours du procès, la métayère commence par tout nier ; puis à l'improviste, elle déclare que la Madone lui est apparue et l'a exhortée à ensorceler sa maîtresse. Soumise à la torture, elle confesse qu'il ne s'agissait pas de la Madone mais du diable. Ce qui me frappa dans ce procès, c'est l'affrontement de deux cultures, celle de l'inquisiteur et celle de Chiara Signorini, ainsi que la transformation progressive des confessions sous l'effet de la torture et des interrogatoires suggestifs. Il était en outre possible de lire dans l'agression magique l'expression d'un affrontement de classe (très clair, dans ce cas). M'appuyant sur ces données, je proposai, dans un court essai, le procès de Chiara Signorini comme modèle pour l'étude des procès de sorcellerie. Je me mis à la recherche d'autres documents, faisant le tour des archives – ecclésiastiques ou non – de la moitié de l'Italie, en quête de procès inquisitoriaux. À l'époque la plupart des archives ecclésiastiques étaient fermées, inaccessibles au public : entre autres, celles d'Udine. C'est alors que, travaillant sur le fonds inquisitorial conservé dans les archives provinciales de Venise – cent cinquante volumes de procès pour une période de deux siècles et demi – je tombai sur un procès contre Menichino de Latisana. J'ai eu tout de suite l'impression de trouver quelque chose de complètement inattendu, une distance culturelle entre juges et accusés beaucoup plus grande que celle que j'avais supposée.

— *Mais pas d'opposition de classes...*

— En tout cas, pas sous la forme que j'attendais. La distance culturelle était aussi une distance de classes, mais elle n'exprimait nullement la lutte de classe. Peut-être en va-t-il toujours ainsi dans toute recherche : on poursuit la route des Indes et on trouve l'Amérique ! Dans mon cas, plus modestement, les *Benandanti* – un mot qui m'était incompréhensible, comme il l'était pour les inquisiteurs...

— *Mais comment est née l'hypothèse d'un lien entre les* Benandanti *et le Frioul ?*

— De la singularité extrême des confessions de Menichino. Dans tous les procès de sorcellerie que j'avais lus, je n'avais jamais rien rencontré de semblable. Je savais que les archives de la Curie archiépiscopale d'Udine conservaient un fonds de procès inquisitoriaux que personne n'avait jamais consulté – pas même Monseigneur Paschini, chose tout à fait paradoxale, puisqu'il était l'auteur d'un ouvrage sur l'hérésie en Frioul au XVIᵉ siècle et de surcroît frioulan. Mais les archives étaient alors, je l'ai dit, inaccessibles. À la bibliothèque municipale d'Udine, cependant, je trouvai un volume manuscrit, volé aux archives de la Curie sans doute à la fin du XIXᵉ siècle, et contenant un registre des mille premiers procès qui s'étaient tenus auprès du tribunal du Saint Office d'Aquilée et de Concordia. Ce registre fourmillait de *Benandanti* comme Menichino de Latisana. Il me fallait absolument entrer aux archives de la Curie. J'y réussis finalement, avec une recommandation de Monseigneur Paschini, écrite sur un minuscule bout de papier. Je me rappelle l'instant où l'archiviste m'ouvrit l'armoire remplie de volumes manuscrits de procès. Je me mis à lire et à transcrire celui contre Moduco et Gasparutto. J'avais l'impression d'être au cinéma... des visions extraordinaires défilaient devant mes yeux ! Je me rendis compte assez vite que ces documents démontraient de façon irréfutable que, dans le cas du Frioul, le sabbat avait été imposé sur un fond de croyances à la fois semblables et différentes. Le Frioul était une région géographiquement et culturellement marginale, où certaines croyances avaient pu se conserver plus longtemps. D'où la possibilité de formuler, en partant des documents frioulans, une hypothèse plus vaste sur la manière dont le sabbat des inquisiteurs avait été diffusé ou mieux imposé.

— *Pourtant, malgré cette ampleur du document et des problèmes que vous posez à son propos, votre livre n'a peut-être pas eu l'écho prévisible. Il est très rarement cité en France où pourtant les travaux sur la sorcellerie se multiplient depuis quinze ans.*

— Je pense qu'il y avait, avant tout, un obstacle linguistique à surmonter (l'italien est une langue peu lue), malgré le compte rendu très favorable que l'historien américain Bill Monter fit rapidement dans la *Bibliothèque d'Humanisme et Renaissance*. En outre, il me semble que les commentateurs de ce livre se sont parfois arrêtés de manière excessive sur un point tout à fait marginal, celui de la réalité ou de l'irréalité du sabbat…

— *En effet, on considère souvent que les* Benandanti *du Frioul vous servent à confirmer les thèses de Margaret Murray sur la sorcellerie comme dernier vestige d'une religion européenne primitive dominée par des rites agraires autour d'un Dieu Cornu… Ce qui, à notre avis, est une lecture tout à fait superficielle…*

— Je dirai qu'une distorsion de ce genre est déjà présente dans la mention rapide que fait Russell dans *Witchcraft in the Middle Ages*. Un autre historien américain, Midelfort, en est arrivé à affirmer que les documents concernant les *Benandanti* constituent l'unique preuve de l'existence d'un culte sorcellaire organisé en Europe, au début de l'âge moderne. À juste titre, Norman Cohn a souligné la non légitimité de cette conclusion. Mais dans son livre, *Europe's Inner Demons*, il a défendu une thèse que je considère comme absolument infondée, à savoir que le sabbat ait été, purement et simplement, une projection des angoisses des juges. Aujourd'hui, une chose est certaine : le sabbat n'a pas été créé de toutes pièces par les juges, mais représente une sorte de « formation de compromis », en laquelle vinrent se fondre des éléments d'origine savante, inquisitoriale, et des éléments d'origine populaire, paysanne. Les confessions des *Benandanti*, comme celles des femmes adeptes de Diane ou de Perchta, montrent sans équivoque que ces croyances avaient une grande richesse mythique et des racines très profondes, qui se conservèrent longtemps. Dans un prochain livre, auquel je suis en train de travailler, je voudrais analyser de quelle manière ces deux courants, l'un inquisitorial, l'autre paysan, se sont mêlés pour donner lieu au sabbat. Je voudrais, autrement dit, reposer le problème du sabbat à partir de la spécificité des documents frioulans et développer toutes leurs implications – notamment celles tenant à la liaison entre *Benandanti* et chamanes. Il me semble que seul Mircea Eliade, dans un compte rendu paru dans *History of Religions*, a compris l'importance de ce point. Naturellement aujourd'hui je vois aussi les limites de mon livre : en premier lieu, le fait d'avoir négligé le problème de la différenciation sexuelle des *Benandanti*…

— *Oui, il y a une sorte de division des rôles entre les hommes et les femmes, sur laquelle vous n'insistez guère dans votre livre…*

— Dans ma recherche, j'ai été manifestement *sex-blind*, aveugle devant les différenciations sexuelles des *Benandanti* soit la prépondérance très nette des hommes parmi ceux qui affirment participer aux batailles nocturnes, et des

femmes parmi ceux qui déclarent voir les processions des morts. Il y a des exceptions, mais globalement la distribution est significative. Aujourd'hui, je poserais au moins le problème. Quant à le résoudre, c'est une autre affaire...
— *Vous avez évoqué votre prochain livre, pourriez-vous nous en parler plus précisément ?*

— Il y a quinze ans maintenant qu'on travaille de façon sérieuse sur la sorcellerie européenne; des études détaillées et documentées ont vu le jour, à l'échelle régionale ou nationale, si ce terme a un sens dans ce contexte... On a appris à voir les arbres : maintenant il faut, je crois, voir à nouveau la forêt, avec des yeux différents... On a peut-être perdu un peu de vue le fait que la sorcellerie européenne se présente partout avec des caractères étonnamment semblables, non seulement pour ce qui est de l'attitude des juges, mais aussi des confessions des accusés, hommes ou femmes. C'est pourquoi je voudrais poser le problème du sabbat en termes nouveaux, je pense. Les recherches les plus récentes ont un peu laissé dans l'ombre le sabbat : peut-être parce que certaines parmi les plus riches (je pense aux livres de Keith Thomas et d'Alan Macfarlane) sont localisées en Angleterre, où le sabbat – pour des raisons qu'actuellement je ne peux expliquer – est très rare. Sur un tout autre plan, nous avons les remarques méprisantes de Trevor-Roper sur les « fantaisies grotesques » des femmes des montagnes... Les fantaisies grotesques des juges (des hommes) sont dignes d'étude pour un historien, mais non celles des sorcières !

Comme je l'ai déjà dit, je voudrais dans ce prochain travail dégager plus clairement les implications de mon étude sur les *Benandanti*, à commencer par le lien entre rites de fertilité et sabbat. Il y a quinze ans, je ne suis pas parvenu à trouver de vrais parallèles avec *Les batailles nocturnes*, mis à part le cas du loup-garou lithuanien. Depuis, j'ai constitué un dossier assez surprenant. Je pense qu'il y aura matière à de nombreuses discussions sur ce thème...

— *Il y aurait un bon exemple qui mériterait d'être repris en détail dans cette perspective : c'est l'affaire des sorcières du Pays Basque, des sorcières du Labourd en 1609 et 1610. De Lancre a rapporté son expérience répressive dans deux ouvrages qui laissent transparaître sous un discours démonologique poussé parfois jusqu'au délire par un effet d'accumulation, une réalité autre, une expérience spécifique de la sorcellerie labourdine. D'abord les basques ont un mot : « l'akellare » (la lande du bouc) pour désigner ce que De Lancre identifie comme le Sabbat, ensuite la langue basque elle-même, par son étrangeté hermétique, est langue du diable, enfin en Labourd, l'activité des marins-pêcheurs qui quittent le pays pour de longues périodes confère à la femme une importance capitale déjà inscrite en partie dans le système bilatéral de la succession en Pays Basque. Il est incontestable aussi que ces femmes-chefs de maison sont chargées des rites de protection des marins et calment la mer depuis la terre... Voici toute une réalité sociale, coutumière, culturelle, linguistique à laquelle De Lancre, juge bordelais, ne comprend rien et « ce monde à l'envers » se prête si bien à la lecture démonologique que l'on a vraiment le sentiment qu'il enracine son très classique sabbat dans la différence basque. Julio Caro Baroja, basque navarrais lui-même, a pressenti ce choc culturel dans son livre sur les sorcières mais tout ceci mériterait d'être repris…*

— C'est très intéressant, justement à cause de la marginalité réelle du peuple basque à de nombreux points de vue…

— *Et le fait semble se confirmer à l'étude de l'Inquisition Espagnole qui se méfie beaucoup du tourbillon démonologique, qui refuse de tomber dans cette obsession et considère la sorcellerie comme des maléfices insignifiants de vieilles femmes, « hechiceria », (le livre de B. Bennassar et ses élèves est très éclairant là-dessus) sauf précisément en Pays Basque où se déroulent au XVIᵉ siècle les seuls grands procès de l'Inquisition d'Espagne, qui culminent en 1610 avec la condamnation des sorcières de Zugarramurdi devant l'Inquisition de Logroño. Encore que, dans ce cas, ce soit la justice civile qui ait exigé une intervention des inquisiteurs… Quant à la surprise des juges du Frioul elle évoque assez bien celle de Jacques Fournier, l'inquisiteur de Pamiers au début du XIVᵉ siècle qui cherchait des hérétiques et trouve des brefs de protection ou des messagers des âmes… mais il est vrai que l'interprétation démonologique n'est pas encore codifiée…*

— Oui, il y a donc là un double problème. On peut extrapoler la méthode et démontrer dans des cas semblables l'existence d'une lutte culturelle réelle, menée à travers l'imposition par la torture, la suggestion par la terreur d'un modèle dominant… mais il y a aussi la question spécifique du contenu des récits des *Benandanti*.

— *À ce propos les travaux des anthropologues africanistes suggèrent peut-être une hypothèse sur l'événement « Benandanti ». Dans votre livre vous posez la question de la différence des durées historiques en distinguant le niveau des rites agraires appartenant à la longue durée, à une « tradition » paysanne, de celui de la répression anti-sorcellerie qui, en un demi-siècle, prend en charge discours et pratiques des « Benandanti » pour les faire entrer dans le moule du discours judiciaire. Mais n'y aurait-il pas une durée intermédiaire qui permettrait d'historiciser le phénomène « Benandanti » lui-même. Raisonnons par analogie : dans l'Afrique coloniale ont surgi un certain nombre de mouvements, bien étudiés au Congo en particulier, identifiés comme des mouvements anti-sorcellerie. Dans des sociétés que la colonisation déstructure et où la forme habituelle d'expression des tensions et des conflits est la lutte sorcellaire, le corps à corps symbolique dont l'efficacité est tout à fait sûre, il y a soudain une sorte d'inflation de ces affrontements, le langage de la sorcellerie s'impose avec un tel excès qu'il perd toute règle et toute mesure, ce qui suscite l'apparition d'un autre discours et d'autres pratiques qui se présentent comme antagonistes et symétriques tout en participant de la même idéologie. Très souvent, un ou plusieurs prophètes se lèvent, utilisant de façon originale le christianisme, pour lutter contre la sorcellerie et le fétichisme qui sont devenus de véritables « obsessions villageoises ». N'y aurait-il pas certaines analogies entre ce type de messianisme et l'action, le combat des « Benandanti » contre les « Malandanti » et les « stregoni » ?*

— C'est une hypothèse très intéressante… et même plausible. En effet je pense qu'il y a là un problème de méthode historique tout à fait central. À l'époque où j'ai écrit le livre, je m'intéressais à des phénomènes presque immobiles parce qu'il y avait alors la nécessité d'un défi méthodologique : si l'historien est censé s'occuper de choses qui changent, me disais-je, il serait intéressant de montrer que des phénomènes à première vue immobiles changent en effet... Lorsque j'ai lu l'article de Braudel sur la longue durée j'ai pensé : « oui ! c'est justement ça, c'est vraiment le problème, je veux aller dans cette voie de recherche.» Mais ce qui me passionnait surtout, c'était de montrer l'intersection entre la longue durée et la durée brève, l'intersection du mouvement rapide et de la mutation consciente avec ce qui est lent et inconscient. Braudel, lui, ne s'intéressait pas tellement à cette intersection : justement le livre qui m'a imposé cette idée est celui de Marc Bloch, *Les Rois Thaumaturges*. Là il y avait une intersection entre la volonté politique sournoise et des mouvements, des acquis, des permanences de la longue durée ; même si l'auteur ne parle pas en ces termes, c'est ça non ?

— *Et c'était donc le véritable projet historique des* Benandanti *?*

— Oui. Je pense tout de même que les implications de ce problème sont devenues aujourd'hui plus vastes encore – politiques au sens le plus large. Je pense par exemple au débat à peine amorcé, à vrai dire, sur une notion de révolution qui ne soit pas conçue, comme on l'a fait pendant deux siècles, presque exclusivement dans le temps bref. En général, je crois que c'est justement sur le terrain de l'intersection entre mouvements longs et mouvements brefs, entre structures et vécus individuels, si vous voulez, que les historiens peuvent renverser la tradition désormais assez longue qui veut que l'histoire soit endettée, sur le plan théorique, auprès des sciences sociales. Mais il n'y a pas seulement le problème des vitesses : comme le rappelait Jacques Le Goff, dans une note rapide mais très lucide de son essai sur Mélusine, le temps du folklore est différent, il n'est pas unilinéaire, il connaît des ralentissements, des rebours...

— *Il y a la question des durées mais aussi celle de la légitimité du comparatisme...*

— C'est crucial à propos des *Benandanti*. Car on peut penser que ces sources du XVIe siècle contiennent des données beaucoup plus anciennes que des sources du XIIIe siècle par exemple, alors que l'historien a toujours tendance à confondre chronologie des sources et chronologie des faits ; il faudrait en anthropologie historique réfléchir là-dessus et bâtir une chronologie nouvelle et différenciée. Et puis il y a le problème de la comparaison... Il prend une acuité particulière dans l'historiographie italienne. Après Benedetto Croce il y a eu une telle défiance à l'égard de la sociologie et de la méthode comparative que chez les historiens italiens c'est devenu un réflexe conditionné – sauf en histoire des religions peut-être. Je me suis risqué dans mon introduction à citer les deux modes comparatifs définis par Marc Bloch : entre phénomènes historiquement liés, entre phénomènes non liés historiquement. Mais j'étais très prudent tout en pensant, en tant qu'historien, que la comparaison est légitime surtout si les documents permettent d'affirmer des liens historiques...

— *Mais n'y a-t-il pas là, chez les historiens, à côté d'une défiance indispensable à l'égard d'un comparatisme dévoyé, une véritable « superstition de la causalité » alors que la comparaison peut n'être qu'une analogie, un outil méthodologique...*

— Dans l'exemple du prophétisme anti-sorcellaire vous utilisez une analogie et on peut bien se servir d'une analogie comme d'un instrument heuristique, je suis tout à fait d'accord là-dessus. Mais à ce moment-là vous avez le problème des documents. Est-ce que les documents sur les *Benandanti* reflètent vraiment des durées diverses, et sur quelle échelle chronologique ? Notre tranche documentaire est très mince et il y a une connexion possible entre des phénomènes de déstructuration qui sont en effet très évidents dans les sociétés et les cultures paysannes en Europe à cette époque... Mais, si des croyances comme celles des *Benandanti* perpétuent des croyances identiques ou semblables antérieures de deux ou trois siècles, la connexion est peut-être moins évidente...

— *Oui mais précisément les croyances et les rites que les « Benandanti » mettent en œuvre étaient là, disponibles... C'est seulement une sorte de crise sociale et culturelle – encore très hypothétique peut-être – qui détermine leur prise en charge dans un discours global qui prétend s'opposer avec des armes symboliques à l'agression sorcellaire multipliée et menaçante pour la survie du groupe. Dans le cas des « Benandanti », la lutte contre les sorciers est d'abord pensée et organisée au sein du village et de la région mais il y a là une conversion d'échelle très importante. En principe, en sorcellerie, l'affrontement est d'homme à homme, de famille à famille, et se déroule comme un duel qui se déplace certes, mais ne perd jamais son caractère relativement privé. Or ici la lutte est globale, collective ; elle aboutit à la création d'une véritable société secrète qui partage la même cosmologie et les mêmes pratiques oniriques. Nous sommes là dans une durée intermédiaire qui n'est plus celle de la « tradition » pluriséculaire. C'est au moment de la rencontre avec la justice inquisitoriale que tout s'accélère, la répression entraînant la fameuse réduction conformiste du discours des accusés. Il y aurait donc peut-être non pas deux mais trois durées si l'on admet cette durée médiane où sous l'effet d'une déstructuration globale la lutte anti-sorcellaire prend corps collectif en utilisant, en réactivant peut-être, les anciens rites et les anciennes croyances.*

— C'est bien possible et c'est en effet tout différent...

— *C'est sensiblement différent aussi d'une conception de la sorcellerie comme lutte de classes ou révolte symbolique des pauvres contre le pouvoir oppressif... C'est, semble-t-il, à l'intérieur du groupe villageois lui-même et du petit pays, de la zone d'inter-connaissance, que les tensions se règlent par une réorganisation polémique des croyances... l'inquisiteur ne vient qu'après...*

— Ce serait donc très important d'étudier les *Benandanti* dans un contexte de village et ce serait tout à fait possible d'analyser dans une monographie comment les croyances des *Benandanti* opéraient... Pour ma part maintenant je suis plus intéressé par le problème du contenu des aveux eux-mêmes. Ce qui me frappe en effet dans les recherches actuelles, c'est le fait qu'elles ne s'intéressent presque jamais au contenu des croyances des « sorcières ». Leur indifférence à l'égard du sabbat s'explique ainsi au fond : elles réduisent la question de la sorcellerie à la recherche de ses fonctions sociales. Seuls peut-être les historiens des religions échappent à cette réduction fonctionnaliste.

En tout cas, je suis sûr qu'une monographie très fine sur l'usage social de ces croyances serait très intéressante.

— *Et elle n'éluderait pas la question du contenu… Il y a là d'ailleurs un thème fort important qui est remis en cause par des ethnologues qu'on ne peut vraiment pas soupçonner de « sociologisme vulgaire ». Vous avez lu le beau livre de Jeanne Favret-Saada* Les mots, la mort, les sorts ? *N'avez-vous pas été frappé par sa réaction contre toute analyse du contenu, de l'énoncé rituel. Tout ce qui est objet, geste, mot n'a guère d'importance puisque les pratiquants – qui luttent contre l'agression maligne après avoir interprété, avec l'aide d'un annonciateur, l'accumulation des malheurs – puisent dans un stock aléatoire, une sorte de magma que le rituel catholique alimente. Au fond ce que dit et fait un devin lorsqu'il récite une conjuration n'a qu'une importance mineure. L'important n'est pas le contenu mais la direction de son discours. À la limite il n'y a pas de sémantique possible…*

— Oui, il y a une syntaxe mais il n'y a pas de sémantique.

— *Et encore est-ce une syntaxe des personnes, du « je », du « tu », du « il ». Le paradigme des personnes verbales est le modèle du rapport sorcellaire mais les mots eux-mêmes sont des forces, l'énoncé est aléatoire, seule l'énonciation donne forme et sens au champ de l'affrontement sorcellaire.*

— C'est ce qui m'arrête un peu devant ce genre d'études de toutes façons passionnantes. N'y a-t-il pas là une attitude inconsciemment colonialiste, un impérialisme verbal et conceptuel ?… Au fond il y a un discours implicite qui attend l'ethnologue pour être explicité… Je me demande s'il ne faudrait pas tenir compte davantage de son altérité, de son irréductibilité. Il m'a semblé que chez les *Benandanti* se présentait une différence, une résistance, une opacité d'abord incompréhensible. Et mon ambition de chercheur était de rendre intelligible cette différence tout en restituant l'épaisseur complexe du vécu de ces montagnards du XVIe siècle, en essayant d'aller au-delà de la médiation déformante du procès.

— *Mais vous ne renoncez pas à la recherche sémantique, à l'élucidation du système symbolique bien que ce point de vue ne domine pas dans les « Benandanti », d'ailleurs toute description phénoménologique ne suppose-t-elle pas dans la mise en écriture une mise en ordre et donc des hypothèses sur l'interprétation ?*

— C'est une question que je me suis constamment posée en écrivant le livre. Je lisais Lévi-Strauss à ce moment-là et je pensais qu'il aurait été possible d'écrire deux livres à la fois. Un livre comme les « Benandanti » axé sur la diachronie et un autre qui analyserait ces procès de façon synchronique comme un système d'oppositions sémantiques… J'étais assez fasciné par cette double possibilité ; je n'ai pas tenté l'aventure car je n'avais pas de préparation suffisante mais j'étais vraiment fasciné par l'approche possible du même document de deux points de vue différents qui, d'une certaine façon, s'excluaient l'un l'autre.

— *Surtout à cette époque où histoire et anthropologie structurale semblaient si antinomiques…*

— Pourtant, s'il est certes très intéressant d'étudier le système des significations, le langage rituel des *Benandanti*, je me disais aussi que réduire une multiplicité de gestes et de discours à un terme dans une opposition risquait d'appauvrir l'analyse; mais il aurait été bon de poursuivre les deux approches.

—*Mais est-ce que ce qui arrête les inquisiteurs et suscite leur interprétation démonologique ce n'est pas d'abord une conception différente de la « personne »?*

*Au fond peu importe de leur propre point de vue que les « Benandanti » se déplacent et se retrouvent réellement ou en esprit, l'essentiel n'est-il pas dans la possibilité conceptuelle d'une personne plurielle comprenant des parties autonomes et mobiles qui vivent* Les batailles nocturnes *comme des rêves incarnés ou des épreuves oniriques? Ne trouve-t-on pas en Europe les éléments – systématisés différemment dans certaines ethnies africaines et sibériennes – d'une théorie de la personne qui ne correspond pas à la représentation chrétienne (corps + âme) et qui suppose une multiplicité de pièces relativement indépendantes? Songeons par exemple au mythe de l'esprit séparable sous forme animale que les cathares ariégeois utilisaient dans leurs sermons et que l'on retrouve dans les traditions orales contemporaines.*

— Sans doute…

— *… et ceux qui sont nés coiffés auraient cette faculté d'avoir un esprit séparable qui réintègre le corps après ces périples. Il y aurait sans doute là une question à traiter par la méthode régressive et comparative et qui permettrait peut-être de saisir le discours des inquisiteurs sur les déplacements nocturnes des sorciers comme une rationalisation qui introduit l'intervention diabolique directe comme explication totale dans des récits qui illustrent une autre représentation de la personne…*

— Je suis tout à fait en accord avec cette suggestion. Il y a bien le livre de Nicole Belmont sur les signes de la naissance : mais ce qui justement m'a frappé c'est que les *Benandanti*, qu'elle ne connaissait pas, intègrent et désintègrent ses hypothèses en confrontant son système (reconstitué par une comparaison large, qui couvre toute l'histoire européenne) à une situation concrète beaucoup plus complexe où les naissances exceptionnelles sont chargées d'une forte efficacité.

— *Votre livre n'illustre-t-il pas précisément cette confrontation rare de la « croyance », du « on dit » à l'égard duquel en toute circonstance la majorité garde tout de même une certaine distance, et de « l'expérience » qui, dans un contexte bouleversé, est une manière de vivre collectivement, d'éprouver ensemble l'efficacité symbolique du croire?*

**Propos recueillis par Giordana Charuty et Daniel Fabre**
Florence, 9 septembre 1979

# Note bibliographique

## 1 – COMPTES-RENDUS ET DISCUSSIONS

CASTAN Y., *Magie et sorcellerie à l'époque moderne*, Paris, Albin Michel, 1979, p. 285.

COHN N., *Europe's Inner Demons. An Enquiry inspired by the Great Witch-Hunt*, London, Chatto & Heiremann, 1975, p. 123-124, 223-224.

ELIADE M., « Some Observations on European Witchcraft », in *History of Religions* 14, 1975, p. 149 *sq.*, en particulier p. 153-158.

MIDELFORT H. C., « Were There Really Witches ? », in *Transition and Revolution: Problems and Issues of European Renaissance and Reformation History*, Minneapolis (MN), 1974, p. 189 *sq.*, en particulier p. 203-204.

MONTER E. W., « Trois historiens actuels de la sorcellerie », in *Bibliothèque d'Humanisme et Renaissance* XXXI, 1969, p. 205 *sq.*, en particulier p. 205-207.

– *European Witchcraft*, New York, 1969, p. 158-164, présentation et traduction d'un extrait.

– « The Historiography of European Witchcraft: Progress and Prospects », in *The Journal for Interdisciplinary History* II, 1972, p. 435 *sq.*, en particulier p. 443-444.

MUCHEMBLED R., *Prophètes et sorciers dans les Pays-Bas. XVI-XVIIIe siècles* (avec M. S. Dupont-Bouchat et W. Friyhoff), Paris, Hachette, 1978, p. 36.

RUSSEL J. B., *Witchcraft in the Middle Ages*, Ithaca, 1972, en particulier p. 41-42.

TENENTI A., « Una nuova ricerca sulla stregoneria », in *Studi storici* VIII, 1967, p. 385-390.

## 2 – ARTICLES ET OUVRAGES DE RÉFÉRENCE

BELMONT N., *Les signes de la naissance*, Paris, Plon, 1971, 224 p.

BENNASSAR B. *et al.*, *L'inquisition espagnole, XV-XIXe siècle*, Paris, Hachette, 1979. (« Sur la sorcière », p. 229-239, par Cl. Guilhem).

BLOCH M., *Les rois thaumaturges*, Paris, Armand Colin, 1961, 2e éd.

BRAUDEL F., « La longue durée », *Annales E.S.C.*, Paris, Armand Colin, oct.-déc. 1958, p. 725-753., repris dans *Écrits sur l'histoire*, Paris, Flammarion, 1969.

CARDINI G., *Magia, stregoneria, superstizioni nell'occidente medioevale*, Firenze, La Nuova Italia Editrice (Strumenti 96/Storia), 1979, 242 p.

CARO BAROJA J., *Las brujas y su mundo*, Madrid, Alianza, 4e éd., 1973 (*La brujeria vasca*, p. 187-249), trad. fr., Paris, Gallimard, 1972.

COHN N., *Europe's Inner Demons. An Enquiry inspired by the Great Witch-Hunt*, London, Chatto & Heiremann, 1975, 302 p.

COLLOQUE CNRS, *La notion de personne en Afrique Noire*, Paris, 1973, 596 p.

DE LANCRE, *Tableau de l'Inconstance des mauvais anges et des démons où il est amplement traité des sorciers et de la sorcellerie*, Paris, 1612.

– *L'incrédulité et mécréance du sortilège pleinement convaincue*, Paris, 1622.

DOZON J.-P., « Les mouvements politico-religieux, syncrétismes, messianismes, néo-traditionalismes », *in* M. Augé (dir.), *La construction du monde*, Paris, Maspero, « Dossiers Africains », 1974, p. 75-111.

FAVRET-SAADA J., *Les mots, la mort, les sorts. La sorcellerie dans le bocage*, Paris, Gallimard, 1977, 332 p.

FEBVRE L., « Sorcellerie, sottise ou révolution mentale », *Annales E.S.C.*, janv.-fév. 1948, p. 9-19.

FOURNIER J., *Le registre d'Inquisition, traduit et présenté par Jean Duvernoy*, Paris-La-Haye-New York, Mouton, 1978, 1 346 p.

GINZBURG C., « Stregoneria e pietà popolare. Note a proposito di un processo modenese del 1519 », in *Annali della Scuola Normale Superiore di Pisa. Lettere, storia e filosifia*, s. II, XXX, 1961, p. 269-287 ; repris dans *Mythes emblèmes traces. Morphologie et histoire*, trad. fr. M. Aymard et al., « *Sorcellerie et piété populaire. Notes sur un procès, Modène, 1519* », Lagrasse, Verdier, 2010, p. 23-55.

– *Il formaggio e i vermi. Il cosmo di un mugnaio del 500*, Torino, Giulio Einaudi, 1977, 3ᵉ éd., 196 p. ; trad. fr. M. Aymard, *Le fromage et les vers. L'univers d'un meunier du XVIᵉ siècle* [1980], Paris, Champs-Flammarion, 2019, 302 p.

INSTITORIS H., SPRENGER J., *Le marteau des sorcières*, présentation et traduction d'A. Danet, Paris, Plon, 1973, 697 p.

LE GOFF J., « Mélusine, maternelle et défricheuse », *Annales E.S.C.*, 1971, p. 587-603 ; repris dans *Pour un autre Moyen Âge*, Paris, Gallimard, 1977, p. 307-331 (note 12 sur le temps de la culture populaire).

LE ROY LADURIE E., *Montaillou, village occitan*, Paris, Gallimard, 1975, 646 p.

MACFARLANE A., *Witchcraft in Tudor and Stuart England*, London, 1970.

MANDROU R., *Magistrats et sorciers en France au XVIIᵉ siècle. Une analyse de psychologie historique*, Paris, Plon, 1968, 584 p.

MAUSS M., « Une catégorie de l'esprit humain : la notion de personne, celle de "moi" », in *Sociologie et anthropologie*, Paris, P.U.F., 1966 (3ᵉ éd.), p. 333-361.

MICHEL-JONES F., « La notion de personne », *in* M. Augé (dir.), *La construction du monde*, Paris, Maspero, « Dossiers Africains », 1974, p. 33-51.

MIDELFORT H. C. E., *Witch Hunting in Southwestern Germany, 1562-1684, The Social and Intellectual Foundations*, Stanford (CA), Stanford University Press, 1972, VIII-306 p.

MURRAY M., *The Witch Cult in Western Europe*, Oxford, Oxford University Press, 1921, 304 p.

– *Le Dieu des Sorcières*, trad. fr., Paris, Denoël, 1957, 254 p.

NELLI R., « Exempla et mythes cathares ». *Folklore, Revue d'ethnographie méridionale*, t. XXIII, automne 1970, n° 139, p. 2-13 (le mythe de la « Tête d'âne » : thème de « l'âme séparable »).

THOMAS K., *Religion and the Decline of Magic*, New York, Harmondsworth Penguin Univ. Books., 1971, XVIII-716 p.

TREVOR-ROPER H. R., « L'épidémie de sorcellerie en Europe aux XVIᵉ et XVIIᵉ siècles », in *De la Réforme aux Lumières*, Paris, Gallimard, 1972, p. 133-236 (1ʳᵉ pub. 1967).

# SITUATIONS

## *LES BATAILLES NOCTURNES* EN FRANÇAIS, 40 ANS APRÈS
## Entretien avec Giordana Charuty et Carlo Ginzburg[1]

*Maririta Guerbo : Giordana Charuty, pourriez-vous revenir sur la traduction des* Benandanti *[trad. fr.* Les batailles nocturnes*], la première œuvre de Carlo Ginzburg ? Qui était à l'initiative de ce projet éditorial ? Qu'a-t-il signifié pour vous ?*

**Giordana Charuty** : La découverte du livre de Carlo Ginzburg, les *Benandanti*, revient à Daniel Fabre qui, depuis plusieurs années, allait régulièrement en Italie et se tenait informé de la production italienne en histoire et en anthropologie. Le projet de traduction, c'est moi qui l'ai proposé en rejoignant l'équipe de recherche qui allait devenir le Centre d'anthropologie des sociétés rurales. D'une certaine façon, c'est Dina Dreyfus, la première épouse de Claude Lévi-Strauss, qui m'a orientée vers l'ethnologie de l'Europe parce qu'elle avait introduit en 1969 un enseignement d'anthropologie sociale de deux heures hebdomadaires dans les Écoles normales où j'enseignais la philosophie. C'était soit un historien, soit un philosophe qui en avait la charge, la formation universitaire en anthropologie n'existant pas alors. En arrivant à Carcassonne, j'ai découvert que cela me revenait et c'est par le biais de Bernard Traimond, membre de la section locale de l'« École émancipée » – un courant syndical –, que je suis entrée en relation avec Daniel Fabre qui venait de publier les deux volumes sur la tradition orale occitane[2]. Je l'ai invité à l'École normale, à mon arrivée en 1976.

Je m'intéressais aussi à l'antipsychiatrie, parce que l'enseignement de psychopédagogie dont j'étais chargée me paraissait bien problématique. Pendant plusieurs étés, j'ai participé à l'accompagnement d'enfants et d'adolescents autistes de l'École expérimentale de Bonneuil, fondée par la psychanalyste Maud Mannoni, dans la région parisienne. Travailler avec Maud Mannoni, c'était découvrir des références très éclectiques (des travaux sociologiques sur la marginalisation des enfants dans le milieu scolaire, mais aussi un ouvrage qui avait eu un grand retentissement en Italie, *Lettre à une maîtresse d'école*[3] de Don Milani). Il s'agissait de substituer à l'impuissance de la psychiatrie, le savoir-faire des paysans et des artisans, en somme une forme de primitivisme : les communautés rurales où existait encore une sociabilité extérieure à la famille nucléaire devenaient une ressource pour créer les conditions d'une véritable relation thérapeutique.

---

1. Réalisé par Maririta Guerbo, avec la participation de Frédéric Fruteau de Laclos, le 18 janvier 2022.
2. D. Fabre et J. Lacroix, *La tradition orale du conte occitan. Les Pyrénées audoises*, 2 vol., Paris, P.U.F., 1974.
3. Don Lorenzo Milani, *Lettre à une maîtresse d'école par les élèves de l'école de Barbiana*, trad. fr. M. Thurlotte, Paris, Mercure de France, 1968.

Le groupe auquel je me suis associée était installé à Belvis, un des villages pyrénéens du Pays de Sault, où une équipe d'historiens démographes et d'ethnologues travaillait, depuis 1971, sur la parenté, la transmission des biens, les pratiques alimentaires, les cycles festifs et toutes ces expériences transgressives que Daniel Fabre a, ensuite, rassemblées sous l'expression « faire la jeunesse ». C'était une équipe pluridisciplinaire du CNRS qui a été transformée, en 1979, en Centre d'anthropologie des sociétés rurales, une antenne de l'École des hautes études. La traduction des *Benandanti* a accompagné mon apprentissage d'ethnographe. Pendant l'été qui a précédé l'entretien de septembre 1979, je m'étais installée dans un village montagnard un peu à l'écart de celui des ethnologues pour finir cette traduction, sans doute parce qu'il me semblait plus rassurant d'être confrontée à un texte plutôt qu'à la relation directe avec la vie villageoise. Mais c'était bien l'équivalent d'une expérience ethnographique. Car, dans ce livre, Carlo Ginzburg « écoute » les accusés et les inquisiteurs, comme un ethnologue écoute ses différents interlocuteurs : l'attention portée à l'épaisseur des mots, à leur polysémie, aux glissements de sens, ou encore la surprise face aux termes étranges, inconnus de la langue commune. C'était une formidable leçon qui m'a permis, ensuite, d'associer l'enquête dans les archives à l'enquête de terrain, ce qui n'était pas un usage habituel chez les ethnologues qui héritaient de l'opposition entre cultures orales et cultures écrites.

*MG : Carlo Ginzburg, l'ouvrage de Don Milani évoqué par Giordana Charuty a été très important pour vous aussi. On pourrait le considérer presque comme une œuvre qui pose déjà la question de la distance ethnographique.*
**Carlo Ginzburg** : Tout à fait, la lecture des *Lettres à une institutrice* a été bouleversante pour toute ma génération. Au début des années 1960, j'étais à Londres et j'ai eu une conversation avec Arnaldo Momigliano, le grand historien. Je me rappelle qu'il m'avait posé la question : qu'est-ce qu'il y a d'important en Italie ? Et j'avais répondu les *Lettres à une institutrice*. Chez Don Milani, il y avait eu l'expérience d'un choc culturel. C'était aussi quelque chose que j'ai expérimenté dans mon travail d'historien. Pour ma part, je venais d'une famille d'intellectuels, mais je n'avais eu l'expérience du privilège de classe que pendant les années universitaires, parmi les étudiants de l'École Normale de Pise qui venaient de familles très différentes de la mienne. Je suis déjà revenu plusieurs fois sur la question de la distance, culturelle cette fois-ci, et sur le lien qu'elle entretient pour moi avec l'expérience de la persécution et de la vie dans les Abruzzes, dans le village où mon père avait été envoyé en résidence surveillée (*confino*). Il y avait cette jeune fille qui était avec nous et qui me racontait des contes enracinés dans cette culture paysanne qui était la sienne, une culture qui est revenue à la surface lorsque j'ai commencé à travailler sur les procès des sorciers. D'autre part, il y avait un livre de contes pour les enfants écrit par un écrivain sicilien, Luigi Capuana[4]. Un de ces contes m'avait complètement bouleversé : une jeune fille entre dans un palais, tout à fait vide, et un petit homme entre à son tour dans une pièce, avec un turban, surmonté par une immense plume de paon. « Je m'appelle *Gomitetto* », disait-il. À la page suivante,

■ 4. L. Capuana, *C'era una volta*, Firenze, Casa Editrice Marzocco, 1882, rééd., 1939.

*Gomitetto* était un loup-garou. L'idée que mon travail d'adulte puisse s'enraciner dans mon enfance est quelque chose qui me surprend.

**GC** : Cela était vrai aussi pour la traductrice : ma famille paternelle vient de la même région que les *Benandanti*, le Frioul. Traduire ce livre, c'était comme retrouver la mémoire culturelle qu'une famille ne peut transmettre. J'avais bien demandé à mon père si le terme de *benandante* lui disait quelque chose, mais cela ne lui disait rien. Une fois le livre paru, je le lui ai donné en lui disant que cela se passait chez lui. Il le portait toujours avec lui, c'était devenu un objet tout à fait précieux pour lui.

**MG** : *Carlo Ginzburg, la parution des* Batailles nocturnes *en français a représenté la première traduction des* Benandanti. *Diriez-vous que le livre a été négligé hors Italie, obscurci par le succès du* Fromage et les vers, *publié en 1980 ?*

**CG** : C'est vrai, c'est le succès du *Fromage et les vers* qui a relancé les *Benandanti*, malgré un compte rendu très favorable de William Monter dans la *Bibliothèque d'Humanisme et Renaissance*, précédé par un chaleureux compte rendu anonyme dont l'auteur, je l'ai découvert quinze ans plus tard, était Eric Hobsbawm[5]. Pour ma part, je pense que les *Benandanti* ont déclenché toute ma trajectoire de recherche, et ce à plusieurs niveaux : tout d'abord, la microhistoire, car le trajet vers la microhistoire est étroitement lié à l'étude de cas ; ensuite, la fascination pour l'anomalie liée au cas. On rencontre deux anomalies importantes chez les *benandanti*. D'une part, il existe une anomalie liée au contenu de leurs récits : l'écart entre ce qu'ils disent et les attentes des inquisiteurs. Sur ce point, il n'y a pas de dossier comparable. D'autre part, on est confronté à quelque chose qui se rattache à une autre anomalie, c'est-à-dire l'anomalie documentaire. Ce que j'ai essayé de proposer, dès l'introduction à ce premier ouvrage, c'était que, même si le dossier frioulan était tout à fait exceptionnel, je pensais que ce qui s'était passé au Frioul s'était passé dans d'autres endroits en Europe : l'imposition du sabbat diabolique sur une couche de croyances paysannes. Tout cela se rattache certes aux recherches documentaires qui ont donné lieu à *Storia notturna* [*Le sabbat des sorcières*[6]], mais aussi au problème central de la comparaison, à la possibilité que les anomalies cachent quelque chose de plus large.

**MG** : *Comment la question théorique de la comparaison, question très problématique pour un historien, s'est-elle alors articulée à votre travail de recherche ?*

**CG** : Cette idée de la comparaison n'était pas évidente pour un historien italien de l'époque. L'attitude méprisante de Benedetto Croce à l'égard de la sociologie impliquait aussi un rejet de la comparaison. Pour moi, la comparaison était devenue familière grâce à la lecture de Marc Bloch. Avec lui se posait la question de la comparaison historique, qui a été creusée ensuite en un autre sens grâce à Vladimir Propp et à Claude Lévi-Strauss. Giulio Lepschy m'avait signalé *Anthropologie structurale* qui venait tout juste de paraître. J'avais commencé par lire l'essai

▨ 5. E. W. Monter, « Trois historiens actuels de la sorcellerie », *Bibliothèque d'Humanisme et Renaissance* 31, 1969, p. 205–207 ; [E. J. Hobsbawm], *Times Literary Supplement* 65, 6 octobre 1966, p. 923 ; une version révisée en a été publiée dans C. Ginzburg, *The Night Battles. Witchcraft and Agrarian Cults in the Sixteenth and Seventeenth Centuries*, trad. fr. J. et A. Tedeschi, London, Routledge-Kegan Paul, 1983, Préface de E. J. Hobsbawm, p. IX-X.

▨ 6. C. Ginzburg, *Le sabbat des sorcières*, trad. fr. M. Aymard, Paris, Gallimard, 1992.

« Le sorcier et sa magie »[7]. Certes, il y avait déjà eu Ernesto De Martino, mais De Martino pour moi a toujours été moins important comme ethnologue que comme philosophe. Lévi-Strauss a été un choc, un paysage tout à fait inattendu. Et il a continué pendant longtemps à jouer pour moi le rôle de l'avocat du diable, un personnage fascinant créé en tant que fiction par l'Église catholique au début du XVIIe siècle et censé poser des questions troublantes contre l'hypothèse de la canonisation. Les chercheuses et les chercheurs devraient intérioriser la figure de l'avocat du diable et se poser toujours des questions difficiles, voire agressives. En tout cas, Lévi-Strauss a joué pour moi le rôle de l'avocat du diable. Je l'ai rencontré à Paris dans son bureau, je garde encore le souvenir inoubliable de la rencontre avec l'avocat du diable et de ces deux photos en noir et blanc de Maurice Merleau-Ponty qu'il gardait dans son bureau.

**Frédéric Fruteau de Laclos** : *Carlo Ginzburg, quand vous avez ouvert* Anthropologie structurale, *vous êtes allé tout de suite à un texte,* « Le sorcier et sa magie », *écrit à l'époque où Lévi-Strauss parlait encore avec Sartre. Aviez-vous conscience, depuis l'Italie, d'une part, du feuilletage intérieur à l'œuvre de Lévi-Strauss et, de l'autre, du débat en cours entre anthropologie structurale et histoire en France ? Je songe bien évidemment à Jacques Le Goff et à Jean-Pierre Vernant, mais aussi aux travaux de Daniel Fabre et Giordana Charuty.* La tradition orale du conte occitan *présuppose tout Lévi-Strauss et, en même temps, essaie de faire travailler autre chose. Je pense que dans ce contexte-là votre propre travail a pu créer des effets à Toulouse. Carlo Ginzburg, saviez-vous que face au structuralisme se manifestait cette tendance à insuffler de la diachronie dans la synchronie ? Giordana Charuty, comment la relation entre Lévi-Strauss et Ginzburg était-elle susceptible d'introduire pour vous du jeu par rapport au structuralisme ?*

**CG** : Je me suis plongé dans cet essai « Le sorcier et sa magie » parce que j'avais travaillé sur les sorciers et les sorcières. Mais il est vrai que ce n'est pas encore le Lévi-Strauss structuraliste. L'écrit qui m'a paru le plus proche de mon approche et que je trouve encore magnifique était *Le Père Noël supplicié*[8]. Mais ce sont les écrits les plus violents à l'égard de l'histoire qui ont incarné pour moi le Lévi-Strauss avocat du diable : c'était là le véritable défi. Mettre l'histoire entre parenthèses, c'est quelque chose qui m'a toujours fasciné. J'avais dit à mon ami, le critique Cesare Garboli, que j'aurais aimé écrire *Le fromage et les vers* sur une page énorme pour le voir tout d'un coup : la victoire de la synchronie sur la diachronie. Cela me fascine. Au fond, lorsque Momigliano avait découvert l'importance des études des antiquaires pour les historiens, il avait aussi projeté cela sur la sociologie, Vernant, etc. Il avait compris qu'une approche synchronique de ce que nous appelons le passé est possible, et riche, et que cela nous donne des résultats que l'histoire très souvent ne peut ignorer. Il y a là un défi qui continue.

**GC** : Pourquoi le livre sur les *Benandanti* était-il si important dans le paysage d'un laboratoire d'ethnologie de l'Europe, en pleine construction à l'époque ? Cela représentait, pour nous, l'analyse exemplaire d'un moment de transformation d'un système symbolique. Mais c'est là une formulation rétrospective car identifier

■ 7. Cl. Lévi-Strauss, *Anthropologie structurale*, Paris, Plon, 1958, p. 191-212 pour « Le sorcier et sa magie ». Cet article a d'abord paru dans *Les temps modernes* 41, 1949, p. 3-24
■ 8. Cl. Lévi-Strauss, *Le Père Noël supplicié*, Paris, Seuil, 2016 (d'abord paru dans *Les temps modernes* 77, 1952, p. 1572-1590).

des « systèmes symboliques » au sein des sociétés européennes n'avait encore rien d'évident en 1979. On le voit bien dans l'entretien. Daniel Fabre, évoquant le cas basque, commence par parler de « réalité sociale, coutumière, culturelle, linguistique » ; puis d'« idéologie » s'agissant des mouvements anti-sorcellerie en Afrique coloniale. Ce n'est qu'à la fin de l'entretien que la dimension interprétative de l'enquête sur les Benandanti s'impose comme l'objet commun de l'historien et de l'ethnologue. L'hypothèse de logiques sémantiques en crise qui sera, par exemple, mise au travail dans le séminaire de Daniel sur « Le retour des morts » ou dans mon enquête sur les usages de l'internement asilaire[9], est directement inspirée par ce livre. Qu'il soit historien ou ethnologue, le chercheur n'établit la cohérence intellectuelle d'une coutume qu'à travers des fragments ou des traces, lorsque l'objet est saisi dans le temps de sa disparition ou de son remaniement.

D'autre part, la référence à Lévi-Strauss était, pour nous, d'autant plus légitime qu'un livre venait d'en démontrer la pertinence dans le domaine européen : *Façons de dire, façons de faire* d'Yvonne Verdier paraît en décembre 1979, mais il y avait eu déjà plusieurs articles qui l'annonçaient, on attendait ce livre[10] ! Nous trouvions là une transposition possible de l'analyse structurale aux sociétés « complexes », comme on disait alors, ce qui ne va pas de soi. La fonction des savoirs techniques comme support du travail symbolique était démontrée, sans qu'on ait eu besoin pour autant d'évacuer l'histoire. Yvonne Verdier prend soin de préciser qu'elle s'attache aux sociétés rurales du XIXᵉ siècle jusqu'aux années 1950. Elle aussi est confrontée à la disparition de ces logiques qu'elle reconstruit en réintégrant les ethnographies du XIXᵉ siècle, trop vite écartées au motif qu'elles seraient « folkloristes ». C'était très important car Jeanne Favret-Saada, au contraire, fondait son ethnologie des accusations sorcellaires sur l'exclusion des rites, pour ne retenir que le présent de l'interlocution[11].

Le problème n'était pas de suspendre la diachronie, nous savions bien que nos objets étaient, de part en part, historiques, c'était le statut du symbolique. Relisant l'entretien, je me rends compte que Carlo Ginzburg travaillait, alors, sur cette question, de nature épistémologique, en proposant le fameux paradigme « indiciaire » mais nous n'en savions rien ! Et l'entretien n'a pas permis de l'évoquer. De même, nous n'avons pas relevé le nom de De Martino. C'est étonnant de mesurer, après coup, combien une rencontre peut laisser en marge des préoccupations qui se sont avérées centrales par la suite.

*MG : Une des grandes richesses de l'entretien est qu'il nous permet d'accéder au chantier de* Storia notturna *[trad. fr.* Le sabbat des sorcières*]. Giordana Charuty, lorsque vous posiez la question concernant le lien avec les thèses de Margaret Murray, aviez-vous déjà pu discuter avec Carlo Ginzburg de ses recherches sur le sabbat ? Comment avez-vous considéré de tout prime abord « la liaison entre* Benandanti *et chamans » dont parle Ginzburg, et qui annonce déjà le programme de* Storia notturna *?*

GC : Daniel Fabre était passionné par le projet de *Storia notturna*. Je ne sais pas s'il l'a lu dans l'édition italienne, mais l'édition française, parue en 1992, a suscité

9. G. Charuty, *Le couvent des fous. L'internement et ses usages en Languedoc aux XIXᵉ et XXᵉ siècles*, Paris, Flammarion, 1985.

10. Y. Verdier, *Façons de dire, façons de faire. La laveuse, la couturière, la cuisinière*, Paris, Gallimard, 1979.

11. J. Favret-Saada, *Les mots, la mort, les sorts*, Paris, Gallimard, 1977.

de nombreuses discussions au Centre d'anthropologie de Toulouse. En un sens, avec ce livre, Carlo Ginzburg a incarné pour nous l'avocat du diable ! Autant l'analyse microhistorique pratiquée dans *Les batailles nocturnes* pouvait dialoguer avec l'ethnographie d'une coutume propre à une société rurale ou du programme symbolique propre à une institution moderne, autant la méthode morphologique adoptée pour remonter du Frioul, à travers des millénaires, jusqu'à la Sibérie, paraissait difficilement compatible avec le découpage en aires culturelles qui s'imposait alors en anthropologie sociale. On peut penser que la longue proximité, en Italie, entre histoire des religions et anthropologie a, indirectement, facilité le type de comparatisme pratiqué dans *Storia notturna*. Cela ne posait pas de problème à un ethnologue américaniste comme Carlo Severi[12], alors que les européanistes avaient à se défendre de l'objection de surinterprétation formulée par les sociologues de la culture[13]. Ce qui a conduit à distinguer divers sens du substantif « symbolique », par opposition à « symbolisme »[14].

*MG : Dans sa reconstruction du contexte de l'historiographie italienne, Ginzburg nomme un livre sur lequel il ne manquera pas de revenir :* Le monde magique *d'Ernesto De Martino, le fondateur de l'anthropologie religieuse italienne. Carlo Ginzburg, pourriez-vous revenir sur le choix de cet ouvrage en particulier ? Giordana Charuty, vous travaillerez longtemps par la suite sur De Martino, le connaissiez-vous à l'époque ? Connaissiez-vous* Le monde magique *?*

**CG :** J'ai contracté une dette incroyable envers De Martino, mais comme je l'ai mentionné tout à l'heure, c'est De Martino en tant que philosophe qui a compté pour moi, non pas De Martino en tant qu'anthropologue. Car De Martino, en réalité, n'était pas intéressé par le travail sur le terrain, pas plus que Lévi-Strauss d'ailleurs. De là mon hypothèse : les anthropologues que j'ai rencontrés, ce sont plutôt les inquisiteurs.

**GC :** J'avais lu De Martino lorsqu'était parue la traduction française de *La terre du remords*, en 1966[15]. Je le connaissais par le biais de mes études d'italien. Ce livre m'avait totalement fascinée, mais il n'avait aucune place dans les disciplines qui m'étaient familières. L'ethnologie de l'Europe n'existait pas à l'époque en France ! Pour moi, trois livres suscitaient la même surprise, par rapport aux savoirs académiques : *Les mots et les choses* de Michel Foucault[16], *La pensée sauvage* de Lévi-Strauss[17] et *La terre du remords* de De Martino. Pour Daniel Fabre, ce sont des enseignements singuliers à l'université de Toulouse qui ont favorisé la rencontre avec De Martino, qu'il associait à Michel Leiris[18], notamment le cours d'ethnographie

12. C. Severi, « Le chamanisme et la dame du Bon Jeu », *L'Homme* 121, 1992, p. 165-177 ; sur la réception de *Storia notturna*, voir G. Charuty, « Actualités de *Storia notturna* », *L'Homme*, 230, 2019, p. 133-152.

13. Voir en particulier la querelle méthodologique ayant impliqué Daniel Fabre et Dominique Blanc, auteurs du *Brigand de Cavanac*, le sociologue Jean-Claude Chamboredon et l'anthropologue Jean Jamin, dans D. Blanc et D. Fabre, *Le brigand de Cavanac. Le fait divers, le roman, l'histoire*, Lagrasse, Verdier, 2015.

14. Voir G. Charuty, « Anthropologie et psychanalyse. Le dialogue inachevé », dans G. Althabe, D. Fabre, G. Lenclud (éd.), *Vers une ethnologie du présent*, Paris, Éditions de la MSH, 1996, p. 75-115.

15. E. De Martino, *La terre du remords*, trad. fr. C. Poncet, Paris, Gallimard, 1966.

16. M. Foucault, *Les mots et les choses. Une archéologie des sciences humaines*, Paris, Gallimard, 1966.

17. Cl. Lévi-Strauss, *La pensée sauvage*, Paris, Plon, 1962.

18. Le travail de De Martino est remarqué en France pour la première fois par Michel Leiris, successeur d'Alfred Métraux à la direction de la collection de Gallimard « L'espèce humaine ». Leiris avait fortement plaidé pour la traduction des deux grands ouvrages sur la magie et les rituels du Sud de l'Italie, d'abord *Italie du Sud et*

méridionale de René Nelli et celui d'un linguiste, Jean Séguy, auteur des atlas linguistiques du Sud-ouest[19].

Au Centre d'anthropologie de Toulouse, De Martino a d'abord été présent dans un séminaire collectif où l'on traduisait et commentait un texte occitan du milieu du xvie siècle, *Les ordonnances du livre blanc*, concernant la coutume des femmes[20]. Il s'agissait de resituer ce texte dans un ensemble d'écrits toulousains des xvie et xviie siècles, qui assimilent la différence culturelle à un savoir de femmes. Que faire, par exemple, lorsque le lait « part en pèlerinage », c'est-à-dire lorsqu'une femme qui vient d'accoucher n'a pas de lait ? Une des pistes qui permettait de donner du sens aux rituels et aux conjurations mentionnés dans ce texte était de les considérer comme des variantes d'autres rites, observés sur le terrain, dont on trouvait des équivalents dans l'ethnographie de De Martino, en particulier dans *Italie du Sud et magie*[21]. Elle documentait une expérience vécue, qui permettait de rompre avec les énoncés impersonnels des enquêtes folkloriques. Ensuite, au milieu des années 1980, l'œuvre de De Martino est devenue un objet de réflexion épistémologique et d'histoire de la discipline.

Daniel Fabre a consacré son séminaire de l'année 1985-1986 au contexte de refondation de l'anthropologie italienne après la Seconde Guerre, et à une libre relecture de *La terre du remords* qui rattachait le « symbolisme mythico-rituel » au « symbolique » lévi-straussien. En faisant dialoguer ces deux styles d'interprétation, il permettait d'intégrer l'ethnologie italienne dans une perspective structuraliste. Et se référer, dans les débats sur le symbolique, aux apports de la *microstoria* de Carlo Ginzburg, qu'il s'agisse des *Benandanti* ou de la cosmologie et des lectures de Menocchio, permettait de répondre à la défiance des sociologues[22].

*FF : En rapport avec ce que Giordana Charuty vient de dire, et qui était déjà présent dans l'entretien d'il y a quarante ans, on a l'impression qu'il y avait matière à comparaison, et en même temps possibilité d'extension du paradigme toulousain, si je peux employer ce terme. C'est quand, à la fin de l'entretien, il est question de la personne : d'une part, le dédoublement de la personne dans la philosophie cathare à laquelle René Nelli tenait tant et, de l'autre, les travaux des africanistes qui sont convoqués. C'est peut-être aussi l'héritage de Marcel Griaule qui permet d'échapper un peu à Lévi-Strauss, en mettant en avant un symbolique qui est articulé aux techniques, à un engagement corporel qu'on trouve aussi chez Yvonne Verdier.*

*magie* en 1963, ensuite *La terre du remords* qui paraîtra une année après la mort de son auteur en 1966. Pour l'histoire de cette traduction et de sa première réception française, voir D. Fabre, « Un rendez-vous manqué. Ernesto De Martino et sa réception en France », *L'Homme* 151, 1999, p. 207-236. Sur la distance qui sépare les approches de De Martino et Lévi-Strauss, voir D. Fabre, *L'invisible initiation*, Paris, Éditions d'l'EHESS, p. 61.

19. J. Séguy, *Atlas linguistique et ethnographique de la Gascogne*, Paris, Éditions du CNRS, 6 vol. 1954-1973. L'œuvre de René Nelli est immense. Voir notamment R. Nelli, *Le Languedoc et le Comté de Foix, le Roussillon*, Paris, Gallimard, 1958, et D. Fabre et J.-P. Piniès (éd.), *31 vies et revies de René Nelli. Vidas e razos*, Carcassonne, Garae Hésiode, 2011.

20. *Las ordenansas et coustumas del Libre Blanc, observadas de tota ancianetat, compausadas par las sabias Femnas de Tholosa. Et regidas en forma deguda per lor Secretary*, Toulouse, J. Colomines, 1555. Ce texte a fait l'objet de deux éditions modernes en graphie normalisée : G. Brunet, Paris-Toulouse, 1946 ; J.-B. Noulet, Montpellier, 1876.

21. E. De Martino, *Italie du Sud et magie*, trad. fr. C. Poncet, Paris, Gallimard, 1963.

22. Voir C. Fabre et D. Fabre, « L'ethnologie du symbolique en France : situation et perspectives », dans I. Chiva et U. Jeggle (dir.), *Ethnologies en miroir. La France et les pays de langue allemande*, Paris, Éditions de la MSH, 1987, p. 123-138.

*Lévi-Strauss, à la fin d'*Anthropologie structurale *met à distance les techniques, car les techniques nous font mettre les mains dans la matière. Il y a là un lien à faire avec une anthropologie très différente : une anthropologie du mouvement, une anthropologie dynamique, plus inspirée de Georges Balandier.*

**GC** : Le problème des représentations de la personne posé par les Benandanti rencontre, en effet, un questionnement alors central chez les ethnologues africanistes, qui avait donné lieu à un colloque très important[23]. On a pu reprocher à cette approche en termes de « constituants » de la personne de poser un modèle substantialiste, ce que ne faisait pas, par exemple, Maurice Leenhardt[24]. Mais elle avait le mérite, pour nous européanistes, de défamiliariser la conception chrétienne de la personne et d'orienter la recherche vers tous les usages coutumiers qui lui donnent un contenu empirique. De la même façon, en revenant aux moments de plus grande proximité entre historiens et ethnologues, on peut rappeler le colloque sur le charivari qui a permis la fondation même du Centre d'anthropologie de Toulouse[25]. Tandis que les historiens en quête d'oralité étaient soucieux de « dé-médiévaliser » l'histoire du Moyen Âge – l'expression est d'Alain Boureau[26] – les ethnologues voulaient « dé-folkloriser » la part coutumière des sociétés contemporaines. Ce sont les débats sur la culture populaire qui suscitaient, dans les années 1980, des lectures croisées.

**MG** : *Lorsque Daniel Fabre et Giordana Charuty avancent différentes propositions de comparaison pour le cas des* benandanti *(l'akelarre basque, les travaux d'anthropologues africanistes tels que Jean-Pierre Dozon et Françoise Michel-Jones, la référence à la psychologie des Cathares ariégeois), on perçoit un décalage dans vos lectures respectives. Considérez-vous, Carlo Ginzburg, que, sur ce point, votre rencontre avec les ethnologues français est arrivée en quelque sorte trop tard, lorsque le chantier de* Storia notturna *avait déjà pris toute la place ?*

**CG** : Oui, c'est une bonne hypothèse. Et pourtant ce chantier a continué par la suite. J'étais frappé en relisant le dialogue, car à un certain moment Daniel Fabre mentionne précisément le cas basque. Ce qui est surprenant c'est que, lorsque je travaillais avec Bruce Lincoln sur les loups-garous[27], je me suis plongé dans *Le tableau de l'inconstance des mauvais anges et démons* de Pierre de Lancre [1612], et j'ai fait une découverte que j'ai mentionnée de manière très rapide dans la postface à la préface de Bruce : un dialogue magnifique entre de Lancre et un jeune loup-garou qui ne parle pas du diable, mais du « seigneur de la forêt ». C'est quelque chose de comparable au loup-garou livonien. L'idée que dans les aires marginales, les Pays Basques et la Livonie par exemple, il existe un fonds plus ancien qui demeure vivant est encore fascinante. Si la lecture doit être lente, il faut toujours se rappeler que les temps de la recherche le sont aussi !

■ 23. Colloque CNRS, *La notion de personne en Afrique Noire*, Paris, Éditions du CNRS, 1973.
■ 24. M. Leenhardt, *Do kamo. La personne et le mythe dans le monde mélanésien*, Paris, Gallimard, 1947, rééd. 1985.
■ 25. J. Le Goff et J.-C. Schmitt (dir.), *Le charivari*, Actes de la table ronde organisée à Paris (25-27 avril 1977), Paris, Éditions de l'EHESS, 1981.
■ 26. A. Boureau, « L'expérimentation en histoire », dans J. Revel et J.-C. Schmitt (éd.), *Une autre histoire. Jacques Le Goff (1924-2014)*, Paris, Éditions de l'EHESS, 2015, p. 62-69.
■ 27. C. Ginzburg et B. Lincoln, *Old Thiess, a Livonian Werewolf. A Classic Case in Comparative Perspective*, Chicago, The University of Chicago Press, 2020.

**MG** : *Giordana Charuty, que pouvez-vous nous dire de plus sur l'hypothèse de la « durée intermédiaire » que Daniel Fabre et vous proposiez au sujet des* benandanti *? De votre point de vue, cette hypothèse conserve-t-elle encore sa légitimité ?*

**GC** : C'est une formulation de Daniel Fabre, qui a ensuite été mise au travail dans d'autres contextes : en particulier, pour décrire les innovations religieuses du XIXᵉ siècle. L'idée que l'effondrement d'un système symbolique donne lieu à des substitutions, qu'on peut décrire ce travail de déplacement, cette idée a été tout à fait pertinente pour décrire, par exemple, la transformation du rapport aux morts à travers les pratiques spirites de la fin du XIXᵉ siècle. Cependant, en relisant cet entretien, je suis frappée, après coup, par la lecture fonctionnaliste que l'ethnologue proposait alors à l'historien qui, l'ayant déjà mise à l'épreuve sur un autre dossier, pose une autre question : « quel est le sens de ce que les *benandanti* disent ? ».

**MG** : *Carlo Ginzburg, qu'est-ce qui est encore actuel pour vous dans le dossier des* Benandanti *?*

**CG** : Ce que j'ai appris en travaillant sur les *benandanti* et qui est revenu à la surface après des dizaines d'années, c'est l'importance du rapport *etic/ emic*[28]. L'écart entre la perspective *etic* des inquisiteurs et la perspective *emic* des *benandanti* est évident. Je crois que c'est dans une perspective globale, postcoloniale si on veut, qu'on peut apprécier la richesse de ce dossier, toute sa richesse pour le présent que nous vivons. Lorsqu'on travaille sur les documents produits par les colonisateurs, même des documents neutres, on est frappé par la ressemblance avec les procès de l'Inquisition. Il faut retrouver, en lisant les documents à rebrousse-poil, quelque chose qui n'était pas dans les intentions, dans les projets, de ceux qui nous ont laissé ces documents.

**FF** : *En relisant la fin de l'entretien, j'ai quand même l'impression qu'il y a une sorte de convergence sur le fait qu'il fallait s'intéresser, par-delà la syntaxe, à la sémantique, au sens de ce que disent les gens. Lorsque les gens parlent, ils ne sont pas en attente d'une interprétation qui viendrait d'ailleurs, de « Nous », observateurs « modernes », comme on l'a fait remarquer dans les débats postcoloniaux que vous venez d'évoquer, Carlo Ginzburg.*

**GC** : Absolument. Il s'agissait d'adopter une description qui s'attache aux ensembles que découpe la langue, à ce que les gens disent et font, en somme une sémantique concrète par opposition à l'identification d'unités minimales de sens, les plus abstraites possible. Par exemple, reprenant le dossier Pierre Rivière, face à la déclaration de silence de Foucault, également critiquée par Carlo Ginzburg, Daniel Fabre retrouvait la relation coutumière des jeunes garçons aux oiseaux qui donnait sens, à l'échelle d'une microsociété, aux écarts de comportement du jeune Pierre Rivière[29].

**28.** *Cf.* K. L. Pike, *Language in Relation to a Unified Theory of the Structure of Human Behavior*, The Hague, Mouton, rééd., 1967.

**29.** *Moi, Pierre Rivière, ayant égorgé ma mère, ma sœur et mon frère... Un cas de parricide au XIXᵉ siècle*, présenté par M. Foucault, Paris, Gallimard, 1973 ; D. Fabre, « La folie de Pierre Rivière », *Le Débat*, n°66, 1991, p. 107-122, repris dans D. Fabre, *Passer à l'âge d'homme. Dans les sociétés méditerranéennes*, Préface de Pierre Nora, Paris, Gallimard, 2022, p. 105-130.

*MG : Et pourtant, quand Daniel Fabre cite Jeanne-Favret Saada, il ne semble pas tout à fait critique à l'égard de ce livre qui avait eu à l'époque un retentissement incroyable en France...*

**GC :** Il y a, à la fois, admiration et distance. Passer d'Arnold Van Gennep, pour lequel ce ne sont là que des superstitions, à une logique cohérente de l'agression symbolique, dans laquelle on pouvait se reconnaître, produisait un effet d'intense défamiliarisation qui ne pouvait que susciter l'adhésion. Mais comment ignorer la richesse des anciennes ethnographies ? La fin des années 1970 nous a confrontés à des choix opposés de refondation d'une ethnologie de l'Europe, et la surprise est que ces anciennes ethnographies étaient, au contraire, lues avec beaucoup d'attention par un historien. Néanmoins, si Carlo Ginzburg cherchait, dans *Storia notturna*, à articuler analyse structurale et diachronie, pour nous, l'enjeu était d'articuler l'analyse structurale ou pragmatique et la dimension sociologique. C'est difficile de faire les deux choses en même temps. J'en veux pour preuve que Jeanne Favret-Saada a, ensuite, consacré des articles à une dimension sociologique de l'agression sorcellaire que son livre laissait dans l'ombre. J'ai rencontré la même difficulté s'agissant de l'analyse des catégories de folie. Toutes sortes de récits recueillis au cours de l'enquête sur l'exclusion à l'asile comme ressource intégrée à la reproduction des « maisons », dans une société montagnarde des Pyrénées, n'ont pris sens que dans un second temps, à travers une analyse structurale qui faisait sortir du cadre local initial [30]. Il y a des alternatives qu'il est difficile de concilier.

*MG : Carlo Ginzburg, pourriez-vous revenir sur la question du rapport de la syntaxe à la sémantique posée à la fin de l'entretien ? S'agit-il d'une divergence ou d'une convergence ? Vos positions respectives ont-elles changé ?*

**CG :** Le terme « articuler » m'étonne un peu. Il s'agit évidemment d'un mot plutôt paisible par rapport aux tensions générées par le choc entre des perspectives très différentes comme, d'une part, la perspective d'un historien italien et, de l'autre, la perspective des ethnologues français structuralistes. Pour ma part, je préfère les tensions ; je n'ai pas vraiment essayé de concilier la synchronie et la diachronie. En plaisantant, j'ai dit que la morphologie était la servante de l'histoire, *ancilla historia*. Je pense que, dans *Storia notturna*, il y a les deux, et je dirais que c'est la même chose pour la syntaxe et la sémantique. Un aspect crucial à apprendre aux jeunes chercheurs et aux jeunes gens en général, c'est l'importance d'analyser des contextes traversés par les rapports de force. C'est tout à fait central pour la méthode historienne, et surtout pour ses implications politiques. Et j'en reviens aux documents produits par les colonisateurs, mais cela vaut aussi pour les aires paysannes de l'Europe. On revient aux procès de l'Inquisition : les jésuites parlaient à propos de l'Italie du Sud des « Indias de por acà » [*les Indiens d'ici*] : ce n'est pas un hasard. Il faut élaborer, apprendre et enseigner des techniques qui nous aident à lire les documents « à rebrousse-poil », pour utiliser la formule de Walter Benjamin [31], en un sens véritablement politique.

■ 30. G. Charuty, *Folie, mariage et mort. Pratiques chrétiennes de la folie en Europe occidentale*, Paris, Seuil, 1997.
■ 31. W. Benjamin, « Sur le concept d'histoire », dans *Œuvres III*, trad. fr. M. de Gaudillac, P. Rusch, R. Rochlitz, Paris, Gallimard, 2000, p. 432-433.

**MG** : *À propos de politique, la notion de résistance symbolique me semble occuper une place centrale dans la présentation que Giordana Charuty et Daniel Fabre ont faite du cas des* Benandanti *: cette résistance « bricolée à grand renfort de rites », qui s'érige « à partir d'une distance de classe, sans exprimer nullement la lutte de classe », pour reprendre les termes employés dans la notice de présentation de l'entretien. Quelle valeur avait-elle pour vous à l'époque ? D'après vous, Giordana Charuty, la notion de résistance symbolique conserve-t-elle encore une pertinence heuristique ?*

**GC** : Parler de « résistance symbolique » c'était reconduire la distinction classique entre culture et société qui fondait le domaine d'analyse de l'anthropologie et qui a pu servir, dans l'histoire de la discipline, comme retrait du politique ou, au contraire, comme renouvellement de sa compréhension. Par rapport aux controverses universitaires actuelles qui regardent avec défiance la notion de culture, soupçonnée de réifier des différences arbitraires, il me semble important de réaffirmer le caractère symboliquement constitué, et donc, culturellement ordonné, de l'existence sociale. Ce qui m'intéresse toujours est de redonner du sens à des pratiques qui peuvent apparaître hétéroclites ou être socialement invisibles, mais qui pour autant sont essentielles à la vie sociale. Juste un exemple : on sait bien que désormais les rites funéraires appartiennent au domaine de l'activité marchande, les entreprises funéraires qui relèvent d'une économie des singularités. Mais, à l'intérieur de ce cadre très normalisé, l'ethnographe peut identifier des manières non prévues de « faire les morts », qui renouent avec les pratiques médiumniques du XIXe siècle. Ce sont des symptômes de cet ordre qui motivent une ethnologie des sociétés contemporaines, attentive à ces interstices de la transformation marchande des anciens rites biographiques, avec une temporalité très différente du temps de la disparition du clergé au cours de ces dernières décennies.

**MG** : *De là toute la nécessité d'une ethnologie du contemporain évidemment. Carlo Ginzburg, pourriez-vous revenir sur la notion de révolution conçue sur un temps long que vous employez dans l'une de vos réponses ? Cette visée politique « au sens le plus large », comme vous le dites, compte-t-elle encore pour vous ?*

**CG** : Je dois dire qu'en relisant notre entretien, c'est sur ce point que j'ai ressenti la distance la plus profonde avec ce que nous sommes aujourd'hui, « nous » au sens large bien entendu. Ce que ma génération et moi nous avons vécu, c'est la défaite de la gauche, et pas seulement en Italie. Le propos sur la révolution longue apparaît peut-être aujourd'hui comme appartenant à un passé révolu. Et pourtant, on pourrait dire que même la période que nous vivons est peut-être un moment éphémère dans une trajectoire plus longue. Le temps long de Braudel pourrait évidemment se rattacher à une vision différente de développements politiques possibles : la défaite qui nous entoure est peut-être un chapitre dans une trajectoire différente. En même temps, lorsqu'on voit les images angoissantes de la destruction des glaciers au pôle sud, on ne peut pas ne pas penser à l'idée d'une rupture, au sens littéral du mot, dont les conséquences sont terribles … Cela est terrible. Là, nous sommes témoins d'une trajectoire inimaginable à l'époque de notre entretien et qui est devenue aujourd'hui incroyablement rapide, avec des convulsions terrifiantes. Comme souvent, le futur est inimaginable.

*MG : Lorsqu'on lit la fin de l'entretien, le lecteur peut avoir l'impression d'une rupture un peu brutale, d'une interruption brusque.*

**CG :** Le final brusque a un effet de réalité, d'une conversation qui continue : le final n'est pas façonné pour le lecteur. À mon avis, c'est très bien ! Au fond, ça continue, on pourrait dire, comme à la fin du premier temps… *To be continued !*

**Propos recueillis par Maririta Guerbo et Frédéric Fruteau de Laclos**

# PARUTIONS

## INDAGINI SU PIERO
### Carlo Ginzburg

*Indagini su Piero,* Torino, Einaudi, 1981.
*Enquête sur Piero della Francesca,* trad. fr.
M. Aymard, Paris, Flammarion, 1983.
*Indagini su Piero, Con l'aggiunta di quattro
appendici,* Torino, Einaudi 1994, rééd. 2001.

Ce livre de Carlo Ginzburg, qui a fait l'objet en italien d'une nouvelle édition complétée par des appendices, est épuisé en français. C'est la raison pour laquelle nous en proposons un compte rendu un peu détaillé. Le texte fait un commentaire très précis de tableaux, nous donnons en note des liens internet donnant accès à de bonnes reproductions, ce qui nous semble plus utile que de faire figurer des reproductions en noir et blanc au sein de l'article.

Ce livre, travaillant sur des tableaux, alors que Carlo Ginzburg n'est pas historien de l'art, et ne donne par là même aucune analyse formelle[1] des œuvres qu'il étudie, pose d'abord des questions de méthode fondamentales. Travaillant sur des œuvres célèbres, et qui ont été largement commentées, C. Ginzburg commence par montrer le risque que présentent des chaines interprétatives circulaires fondées sur des conjectures : on interprète les allusions complexes d'une œuvre à partir d'un programme iconographique, mais comme on n'a aucune trace écrite de ce programme, cette méthode finit par devenir un prétexte pour toute libre association. Pour éviter ce type de dérapages, il faut travailler à la fois sur deux fronts : celui des commandes et celui de l'iconographie. Pour cela il est nécessaire de chercher à reconstruire le réseau enchevêtré des relations microscopiques que suppose tout produit artistique. Se fondant sur les travaux d'Aby Warburg et de M. Baxandall, C. Ginzburg a multiplié les incursions, se refusant à poser des frontières entre les disciplines.

Ce travail a également supposé de mettre en place des règles d'interprétation[2]. C. Ginzburg analyse régulièrement dans son livre les conflits interprétatifs auxquels ont donné lieu les œuvres de Piero : les mêmes ingrédients quand ils sont accommodés à des sauces herméneutiques différentes, peuvent donner lieu à des cuisines fort variées. Il consacre en particulier de longues analyses aux travaux de R. Longhi, montrant que l'unique façon possible de

---

1. L'Appendice I précise que « formel » ne signifie pas « artistique ». Parler de phénomènes artistiques dans une perspective historique suppose de croiser constamment des éléments stylistiques et des éléments extra-stylistiques.
2. Le livre de C. Ginzburg est très dense, nous insistons sur les thèses fondamentales qu'il développe, et sur les sources qu'il a utilisées, nous passons sur les très nombreuses polémiques, et sur les interprétations qu'il réfute.

lui rendre hommage est de discuter et de critiquer son œuvre[3]. Et il propose des règles qu'il suit dans tout son livre. D'abord deux règles énoncées par S. Settis lorsqu'il s'agit d'interpréter une œuvre qui est un véritable *puzzle* iconographique[4] : toutes les pièces du *puzzle* doivent trouver leur place ; ces pièces doivent composer un dessein cohérent. Et il ajoute une troisième règle : dans des conditions identiques l'interprétation qui implique le moins d'hypothèses doit être considérée comme la plus probable. Ces questions d'interprétation doivent toujours être liées au contexte, en allant des détails à l'ensemble : c'est seulement grâce à ce va-et-vient qu'on pourra déterminer si, par exemple, une brebis peinte sur un tableau représente le Christ, la douceur ou tout simplement une brebis…

Ces règles d'interprétation vont permettre de formuler des hypothèses à propos de trois des œuvres les plus importantes qui nous sont restées de Piero della Francesca : le *Baptême du Christ*, la *Légende de la vraie Croix* et la *Flagellation du Christ*[5].

## Le Baptême du Christ[6]

En analysant cette œuvre C. Ginzburg commence par mettre en évidence les anomalies qu'elle présente par rapport à l'iconographie traditionnelle. Les trois anges qui figurent sur le tableau ne portent pas comme d'habitude les vêtements du Christ[7] : l'ange de gauche fixe la scène, l'ange de droite pose son bras sur l'épaule de l'ange du centre tout en lui tenant la main. Ces gestes, qu'on peut trouver dans d'autres œuvres exprimant la concorde et l'harmonie, semblent illustrer ici la concorde qui venait d'être établie, lors du concile de Florence, entre l'Église chrétienne d'Orient et celle d'Occident. Les vêtements des personnages du fond évoquent des prêtres byzantins ; la présence de trois anges et les couleurs de leurs vêtements (rouge, bleu, blanc) rappellent La Trinité selon le symbolisme suggéré par Innocent III, et évoquent les discussions théologiques qui venaient de durer deux ans d'abord à Ferrare, puis à Florence, autour du dogme trinitaire. La présence des trois anges, tout comme leur poignée de main, symbolise la fin du schisme et la concorde rétablie entre les deux Églises, elle symbolise aussi la clause la plus importante d'un point de vue théologique des conclusions du concile, celle dite du *Filioque* ajouté au *Credo*, qui décrétait que le Saint-Esprit procédait à la fois du Père et du Fils. Cela permet de justifier qu'on date ce tableau vers 1440 : une datation postérieure serait incompatible avec la détérioration rapide de la concorde entre les deux Églises.

3. C'est l'objet en particulier des Appendices III et IV.

4. En l'occurrence le tableau de Giorgione intitulé *La Tempête*, peint entre 1506 et 1508 (Venise, Gallerie dell'Accademia).

5. *Le Baptême du Christ* et la *Flagellation* sont des *tempere* sur bois qui sont exposées aujourd'hui à la National Gallery de Londres et à la Galleria Nazionale delle Marche d'Urbino ; la *Légende de la vraie croix* est un cycle de fresques qui se trouve dans le chœur de la chapelle Baci de la basilique San Francesco d'Arezzo.

6. Pour voir une reproduction : https://commons.wikimedia.org/wiki/File:Piero,_battesimo_di_cristo_04.jpg.

7. En tout cas ils ne les portent pas de façon explicite. Mais l'Appendice II montre, en se fondant sur des analyses de M. Baxandall, que la large bande de tissu rose qui est posée sur l'épaule de l'ange de droite est le vêtement du Christ (le Christ est vêtu du même rose très clair dans la *Résurrection* de Borgo san Sepolcro.)

Il est extrêmement probable que ce *Baptême* a été peint pour l'abbaye camaldule de Borgo San Sepolcro. L'abbé général des Camaldules, A. Traversari, avait été un des protagonistes du concile de Florence : on peut ainsi expliquer la présence dans l'abbaye d'un tableau plein d'allusions à la concorde religieuse.

## Le cycle d'Arezzo [8]

Le cycle d'Arezzo se rattache aussi au milieu lié à Traversari : il a été commandé à Piero par Giovanni Bacci, dont le grand-père avait laissé un legs pour décorer la chapelle familiale de l'église san Francesco [9]. Giovanni Bacci avait pour amis des personnages illustres de l'humanisme toscan, grâce à eux Piero a pu assimiler et réélaborer des éléments précis de la culture humaniste. Les choix stylistiques de Piero, tournés vers la Grèce, et son réseau social permettent de comprendre un programme politique et religieux de reconquête de l'Orient, à la lumière duquel il va réinterpréter la légende de l'invention, c'est-à-dire de la découverte, de la vraie Croix.

Il s'agit d'une histoire rapportée par Jacques de Voragine dans la *Légende dorée*. Sur le point de mourir, Adam se souvient que l'archange saint Michel lui avait promis une huile miraculeuse qui lui sauverait la vie. Son fils Seth, qu'il envoie chercher l'huile aux portes du paradis, obtient au contraire de l'ange un rameau d'où jaillira, dans plus de mille cinq cents ans, l'huile. Seth retourne chez son père, le trouve mort et plante alors le rameau sur sa tombe (*La Mort d'Adam* [10]). Du rameau nait un arbre que Salomon essaie vainement d'utiliser dans la construction du temple : chaque fois qu'on coupe le bois, il se révèle ou trop grand ou trop petit. Ce bois est alors jeté sur le fleuve Siloé pour servir de pont (*La Levée du bois de la Croix* [11]). La Reine de Saba, qui se rend chez Salomon, voit le bois et a une prémonition : au lieu de marcher dessus, elle s'agenouille pour le vénérer. Elle dit prophétiquement à Salomon que la fin du règne des juifs viendra de ce bois (*L'Adoration du Bois sacré et la Rencontre de la reine de Saba et du roi Salomon* [12]). Pour déjouer la prophétie, Salomon fait enterrer le bois dans la piscine probatique. Mais le bois revient à la surface et on l'utilise pour construire la croix sur laquelle est crucifié le Christ. Trois cents ans plus tard, à la veille de la bataille de Ponte Milvio contre Maxence, l'empereur Constantin a une vision : un ange lui apparaît qui l'exhorte à combattre sous le signe de la Croix (*Le Songe de Constantin* [13]). Constantin est vainqueur et devient empereur de Rome (*La Victoire de Constantin sur Maxence* [14]), puis il se convertit et envoie sa mère Hélène à Jérusalem pour chercher le bois de la vraie Croix. La seule personne qui sache où se trouve ce bois est un juif, Juda. Comme il ne veut

---

8. De bonnes reproductions se trouvent dans l'article de Wikipédia consacré à cette légende ; cela dit, l'ordre proposé par Wikipédia et, dans certains cas, les titres donnés aux œuvres ne sont pas ceux de C. Ginzburg. Nous donnons un lien pour chacune des fresques.

9. Les fresques ont été commencées par Bicci di Lorenzo, peintre très âgé, mort en 1452, qui a peint la voûte, Piero a pris la suite.

10. https://upload.wikimedia.org/wikipedia/commons/5/5b/Piero_della_Francesca_033.jpg.

11. https://upload.wikimedia.org/wikipedia/commons/a/ac/Piero_della_Francesca_016.jpg.

12. https://upload.wikimedia.org/wikipedia/commons/d/d8/Piero_della_Francesca_010.jpg.

13. https://upload.wikimedia.org/wikipedia/commons/f/f1/Piero_della_Francesca_017.jpg.

14. https://upload.wikimedia.org/wikipedia/commons/3/3d/Piero_della_Francesca_038.jpg.

pas parler, Hélène le fait jeter dans un puits (*La Torture du juif Juda*[15]). Retiré du puits au bout de sept jours, le juif révèle que la Croix est enterrée sous un temple dédié à Vénus. Hélène fait détruire le temple : les trois croix du calvaire réapparaissent à la lumière. La vraie Croix est reconnue parce que son contact fait ressusciter un jeune homme mort (*Invention et preuve de la vraie Croix*[16]). Hélène rapporte solennellement la relique à Jérusalem.

Trois siècles plus tard, la relique est volée par le roi perse Chosroês qui la place sur un autel à côté de symboles idolâtres et se fait adorer comme dieu. Héraclius, empereur d'Orient, fait la guerre à Chosroês, le bat et le fait décapiter (*Défaite et décapitation de Chosroês*[17]). Il revient à Jérusalem en grande pompe mais il trouve les portes de la ville miraculeusement fermées. Elles ne vont s'ouvrir que lorsqu'il décide, sur les exhortations d'un ange, d'imiter l'humble entrée du Christ à Jérusalem. La relique de la vraie Croix est ainsi rapportée au saint Sépulcre (*Héraclius rapporte la vraie croix à Jérusalem*[18]).

Le thème de la vraie Croix était traditionnellement franciscain et deux des cycles de fresques qui ont précédé celles de Piero se trouvent dans des églises franciscaines, Santa Croce à Florence et San Francesco à Volterra. Or Piero va introduire plusieurs changements dans la représentation de cette histoire, qui permettent de rattacher les fresques à des thèmes présents chez les humanistes. Il consacre d'abord une fresque entière à la rencontre de Salomon et de la reine de Saba : autant cette représentation est fréquente sur les coffres de mariage, autant elle est insolite dans la peinture de cette légende. Sur les murs d'Arezzo où cette peinture est effectuée après la conquête de Constantinople par les Turcs, cette rencontre permet d'évoquer à la fois l'union religieuse et la croisade contre les infidèles. Les fresques de Piero donnent également un rôle très important à Constantin, ce qui nous renvoie encore au thème de la croisade, et ce d'autant plus que dans la fresque de la *Victoire* Piero a donné à Constantin les traits de Jean VIII paléologue, l'empereur d'Orient qui avait débarqué en Italie en 1438 pour prendre part au concile de Florence.

C. Ginzburg, pour justifier que Constantin ait les traits de Jean VIII, fait l'hypothèse d'une intervention de Bessarion dans la réinterprétation du programme. Bessarion était un des prélats grecs venus en Italie pour le concile, et il fut l'un des partisans les plus convaincus de l'union avec l'Église de Rome. Il revint à partir de 1440 en Italie, et fut nommé en 1458 protecteur des frères mineurs. Bessarion avait reçu en héritage une relique de la vraie Croix, qui avait été la propriété de la famille des paléologues. Représenter Constantin sous les traits de Jean VIII était une façon de proclamer l'idéal de Bessarion – l'union des deux Églises – et sa volonté d'une croisade contre les Turcs.

On pourrait ainsi justifier l'idée que si Piero a pu commencer les fresques en 1452, il en a peint la plus grande partie à partir de 1459, après son retour de

15. https://upload.wikimedia.org/wikipedia/commons/e/e6/Piero_della_Francesca_018.jpg.
16. https://upload.wikimedia.org/wikipedia/commons/9/90/Piero_della_Francesca_003.jpg.
17. https://upload.wikimedia.org/wikipedia/commons/9/93/Piero_della_Francesca_021.jpg.
18. https://upload.wikimedia.org/wikipedia/commons/2/27/Exalt.jpg.

Rome. L'année passée à Rome a été fondamentale pour Piero : il y a rencontré Alberti et les humanistes de la cour de Pie II, et on peut ainsi comprendre l'inspiration platonicienne et mathématique des œuvres de sa maturité.

## La Flagellation du Christ[19]

C'est à *La Flagellation du Christ* que C. Ginzburg consacre les plus longues analyses en mettant en évidence l'énigme que représente ce tableau. Si la scène de la flagellation est immédiatement reconnaissable, elle se déroule au second plan et latéralement ; une grande distance sépare le Christ flagellé des personnages du premier plan. Cette distance entre les deux scènes est à la fois une singularité formelle et une anomalie iconographique ; pour C. Ginzburg, ce problème ne relève en rien de la simple devinette : il s'agit de déchiffrer un élément décisif pour la compréhension intégrale du tableau[20], qui suppose d'articuler plusieurs données.

La première donnée est l'extraordinaire science de la perspective de Piero. D. Arasse a bien montré comment elle pouvait être utilisée dans *L'Annonciation* pour permettre de visualiser dans le visible ce qui est incommensurable à tout visible, pour mettre en scène ce qui est par essence irreprésentable, à savoir l'Incarnation[21]. Dans *La Flagellation*, la science de la perspective permet pour C. Ginzburg de marquer un écart entre la réalité et la fiction, entre la réalité naturelle et la réalité surnaturelle, entre une réalité quotidienne au premier plan et une réalité autre au fond. Et c'est bien le lien pouvant exister entre la scène du premier plan et celle de l'arrière-plan qu'il faut interpréter.

Pour cela, C. Ginzburg commence par étudier les personnages qui se trouvent au premier plan. Ils ont tous les trois des attitudes différentes : l'homme à la barbe est en train de parler, sans doute de la flagellation du Christ ; l'homme au manteau de brocard l'écoute en le regardant fixement, mais l'homme à la barbe ne le regarde pas, ses yeux sont tournés vers la droite, au-delà du tableau ; entre les deux le jeune homme fixe ses yeux immobiles sur un point situé à la gauche du spectateur. Les paroles de l'homme à la barbe font surgir devant nous et pour nous la scène de la flagellation de l'arrière-plan et le Turc qui nous tourne le dos nous contraint presque à participer à celle-ci.

Sur l'identité de ces trois personnages, C. Ginzburg propose des hypothèses hautement vraisemblables. Le visage de l'homme au manteau de brocard est individualisé, c'est clairement un portrait : on retrouve les mêmes traits sur le personnage qui est aux pieds de la *Madone de la miséricorde* et sur celui qui est de profil, à la gauche de Chosroès, sur la fresque d'Arezzo peignant la *Défaite de Chosroès*. On peut l'identifier comme étant Giovanni Bacci, qui est à l'origine de la commande à Piero. Or Bacci n'est pas représenté comme un donateur qui assiste à un épisode de la vie du Christ, mais comme écoutant les propos de l'homme à la barbe. Ce dernier, avec son vêtement à longues manches et sa barbe bi-fourchue, doit être un des prélats grecs venus en Italie

19. https://upload.wikimedia.org/wikipedia/commons/b/b9/Piero_della_Francesca_042.jpg.
20. Cette anomalie iconographique a fait l'objet de très nombreux commentaires que C. Ginzburg énumère avant de proposer le sien.
21. Voir D. Arasse, *L'Annonciation italienne*, Paris, Hazan, 1999, chap. I ; *L'Annonciation* de Piero della Francesca est en haut du *Polyptyque de Sant'Antonio*, conservé à la Galleria Nazionale dell'Umbria à Perugia.

pour le Concile de 1438-1439, prélat qui serait, selon C. Ginzburg, Bessarion, représenté avant son accession au cardinalat. La scène de l'arrière-plan traduit donc en termes visibles le discours par lequel Bessarion accepte sa nomination comme cardinal de la Sainte Église romaine en décidant par-là d'abandonner Constantinople et l'Église grecque. Il se justifie en montrant que par son comportement semblable à celui de Ponce Pilate l'empereur régnant, Jean VIII paléologue, se rend complice du martyre que le Turc s'apprête à infliger aux chrétiens d'Orient, symbolisés par le Christ à la colonne. Reste enfin le mystérieux jeune homme blond, qui se tient entre Bessarion et Giovanni Bacci. Son vêtement comme son visage paraissent incongrus, aucun sentiment ne semble effleurer son visage, qui rappelle par ailleurs celui d'un des anges du *Baptême*, et C. Ginzburg fait l'hypothèse que ce jeune homme est mort et qu'il s'agit de Buonconte da Montefeltro, fils illégitime de Federico, légitimé en 1454, et mort de la peste à Aversa à l'automne 1458 à dix-sept ans. Ce jeune homme avait reçu une éducation humaniste accomplie, il était très brillant, d'une grande précocité intellectuelle.

Une autre pièce du puzzle interprétatif est fournie par l'inscription qui figurait sur le cadre du tableau jusqu'au début du XIXᵉ siècle, moment où ce cadre disparut : *Convenerunt in unum* (ils se mirent d'accord et ils s'allièrent). C'est la citation d'un psaume lu au cours des mâtines du Vendredi saint : « Pourquoi les nations se sont-elles soulevées avec un grand bruit, et les peuples ont-ils formé de vains projets ? Les rois de la terre se sont assemblés, et les princes se sont unis contre le Seigneur, et contre son CHRIST ». Cette citation convient évidemment parfaitement à la flagellation : c'est un psaume lu le Vendredi saint ; le Turc au turban qu'on voit de dos, qui a sans doute ordonné la flagellation, et Ponce Pilate, représenté avec le chapeau et les bas cramoisis des empereurs byzantins, sont bien les rois et les princes mentionnés par le psaume. Mais elle convient aussi à la scène du premier plan, et permet de penser l'unité du tableau si on pose que le discours de l'homme à la barbe illustre le verset *Convenerunt in unum* par la flagellation du Christ. Bessarion applique à l'empereur comme au Turc, le verset *Convenerunt in unum* et justifie par là l'acceptation du titre de cardinal qui lui est offert par l'intermédiaire de Giovanni Bacci. Aux yeux de Bessarion qui était devenu depuis le concile de Florence un des partisans les plus acharnés de l'union avec Rome, l'attitude de Jean VIII pouvait être comparée à celle de Ponce Pilate : tous deux, par leur inaction, avaient permis le martyre du Christ. Le choix en faveur de Rome était le seul qui permettait de sauver l'idéal d'unité des Églises chrétiennes.

À quoi s'ajoutent les problèmes posés par l'identification des lieux et des temps. Si la galerie où se déroule la flagellation du Christ est manifestement un édifice imaginaire, Piero s'est à plusieurs reprises inspiré des reliques du Latran : ainsi, l'escalier visible dans l'ouverture de la porte devant laquelle se trouve Ponce Pilate est une allusion au Saint Escalier (Scala santa), que le Christ avait gravi trois fois avant d'être conduit au Calvaire et qui aurait été rapporté à Rome par sainte Hélène, mère de l'empereur Constantin. Et l'allusion à la liturgie du Vendredi saint permet de dater la scène du 25 mars 1440.

Réévoquer cette scène vingt ans plus tard permet à Giovanni Bacci de formuler un appel muet à la croisade adressé à Federico da Montefeltre, alors que ce dernier n'était pas du tout favorable à des projets de croisade. La présence au premier plan de Buonconte, son fils mort de la peste, est aussi une façon de mettre en relation la douleur de Federico et la douleur de l'Église, la position du corps de Buonconte rappelant celle du Christ lié à la colonne. Et l'unité profonde du tableau apparaît alors évidente : il ne s'agit pas seulement de relever la science de la perspective de Piero, comme une simple virtuosité technique, mais de voir comment cette science permet de poser une articulation subtile entre deux scènes, entre la flagellation du Christ, et la flagellation de l'Église, entre le discours de Bessarion et les analogies qui fondent ce discours.

Cette interprétation de C. Ginzburg a fait l'objet de très nombreuses polémiques qu'il évoque dans l'Appendice II. Et qui posent là encore des questions de méthodologie fondamentales. C. Ginzburg refuse d'avoir en histoire de l'art une position radicalement sceptique, considérant que devant un texte ou un tableau toute interprétation est admissible. Et il montre comment doivent coexister dans un véritable travail intellectuel les hypothèses audacieuses et la rigueur dans la recherche. Travaillant sur une nouvelle hypothèse qu'il a d'abord suivie et à laquelle il doit renoncer, Ginzburg montre comment l'abandon de cette hypothèse ne remet pas en question l'ensemble de son interprétation. On retrouve ici la notion de puzzle iconographique évoquée au début du livre. On peut dans un puzzle mal placer un morceau et ne pas s'en rendre compte tout de suite. Comprendre où est l'erreur ne doit pas conduire à défaire l'ensemble du puzzle, mais seulement à en modifier un aspect.

Si C. Ginzburg est le premier à reconnaître que son interprétation est conjecturale, elle a l'immense mérite d'être à la fois structurée et cohérente. Plus profondément, elle offre une lecture passionnante de l'histoire de l'art. Pour réussir à résumer clairement les thèses de C. Ginzburg, il a été nécessaire de réordonner un peu son argumentation, sinon cette note de lecture aurait été d'une longueur démesurée. Mais la lecture du livre nous met devant un véritable jeu de pistes, qui tient par moments d'une énigme policière à la Sherlock Holmes ou à la Dupin. Nous suivons un chasseur qui cherche des indices en retrouvant des traces, nous flairons des pistes, nous suivons les repérages faits par d'autres chasseurs qui conduisent bien souvent à des impasses. Et dans cet ensemble confus, faits d'indices incomplets, d'odeurs différentes, nous finissons par voir se dessiner une solution. C'est cette capacité à mettre en relation, à aller d'un élément à un autre, à croiser les disciplines, à refuser toute lecture limitative qui rend la lecture de C. Ginzburg aussi stimulante. Cette méthode apparaît encore plus clairement dans le titre italien : si on peut traduire le mot *indagine* par enquête (ou par recherche ou analyse) il est important de voir qu'il est au pluriel : c'est bien un faisceau d'enquêtes qui est effectué, et c'est seulement cette pluralité qui permet d'aboutir à un résultat. Pluralité qui suppose d'être à la fois capable de réfléchir et de regarder. D'un côté une audace intellectuelle et une capacité constante à formuler des hypothèses pour éclairer une œuvre ; de l'autre une capacité à regarder, à observer avec une attention remarquable une peinture, à faire voir au lecteur de nouveaux éléments qu'il avait pu ne pas remarquer dans l'œuvre : dans la préface de l'édition de 1994, C. Ginzburg écrit qu'il a continué à travailler sur Piero parce qu'il ne réussissait pas à se détacher de ses tableaux.

On voit ici comment quelqu'un qui n'est pas historien de l'art peut donner des analyses extrêmement pertinentes en histoire de l'art, en refusant d'isoler l'œuvre, de la réduire à des considérations purement formelles ou seulement esthétiques. Et on peut souvent songer en lisant C. Ginzburg à des analyses d'Arasse ou de Francastel, c'est-à-dire d'historiens de l'art qui ont refusé de faire une lecture réductrice et fermée de leur discipline.

**Barbara de Negroni**
Professeur de philosophie

# ABSTRACTS

# Ginzburg
# et les croyances

## Carlo Ginzburg on the Morphological Method and the Problem of Autonomy in Popular Culture
Fabio Dei

In *Ecstasies: Deciphering the Witches' Sabbath*, Ginzburg, in an effort to explain the « morphological method » used in this work, claims to take over some « questions » framed by Frazer in *The Golden Bough* – i.e. an enlarged comparativism – without « accepting his answers ». « My Frazer has read Wittgenstein », he added as a joke. In this paper, it will be asked in what sense Ginzburg's morphology differs from a « transcultural » approach, and it will be analyzed how such morphological steps open a path in a dialogue between history and anthropology.

## The Landscape in a Face. Carlo Ginzburg's Concrete Epistemology and Ernesto De Martino's Case
Maririta Guerbo

The influence on Carlo Ginzburg exerted by the founder of the Italian religious anthropology, Ernesto De Martino, was often put forward by the author of *The Cheese and the Worms* (1976). If Ginzburg's interest in De Martino cannot be fully reducible to the common grounds of Gramscism, it is however animated by the unexpected extension of problems raised by the study of popular culture. The work and the man both interested the Italian historian: Ginzburg's De Martino lets philosophers view the sketches of a philosophical anthropology of man in history, and offers them to carry on the exciting project of a concrete epistemology of conceptual invention.

## How does a Miller think ? The Bearing of Microhistory on an Enlarged Epistemology
Frédéric Fruteau de Laclos

Since *The Cheese and the Worms* was published, the miller Menocchio's case has given rise to many an exegesis. This paper attempts to understand him in the light of an existentialism of knowledge, based on the principle that his system of ideas is coherent and that it derives from his own situation, in its inseparably personal, social and « ecological » dimensions. In order to apprehend the meaning of such an experience, while capturing the scope of an epistemology enlarged to the conditions of all existences, it seems crucial to rely on Carlo Ginzburg's methodological thinking as well as on the analyses in European ethnology he happened to invoke.

## How is Heterodoxy Possible?
## Some Remarks on the Menocchio Case
Christophe Grellard

The trial of the heterodox miller Menocchio, whose pantheistic, antiecclesiastical and materialistic views eventually led to his being sentenced to death by the Inquisition, shows the various changes in the forms of religious belief at the turn from the Middle Ages to Modern Times. The access to « the world of a 16th century miller » described in *The Cheese and the Worms* informs us about the conditions of the appearance of heterodoxy, conditions which are at once historical, social, cultural and intellectual. The conditions of belief production may thus be discovered, and while their deeply historical dimension escapes a strictly philosophical analysis of an epistemology of belief, it makes an anthropology of beliefs necessary.

## A Political Theology of Ambiguity
Philippe Büttgen

Carla Ginzburg's later texts developed an original « political theology », claimed as such and bringing together in a new synthesis the theology of history (as in Augustine), Biblical exegesis (Paul), a theory of cases and exceptions (Machiavel, Pascal, Carl Schmitt). This political theology, understood under the sign of « ambivalence » and ambiguity, finds its origin in a particular but often overlooked aspect of Ginzburg's great historical enquiries since the *Night Battles* (1966): a pervasive confrontation with confession, through an attentive examination of the powers of avowal.

# FICHE DOCUMENTAIRE

## 1ᵉʳ TRIMESTRE 2022, N° 168, 134 PAGES

Ce numéro des *Cahiers philosophiques* est consacré à l'historien Carlo Ginzburg, aux implications et enjeux philosophiques de son œuvre. La rubrique « Introuvables » donne accès à un dialogue entre Carlo Ginzburg, Giordana Charuty et Daniel Fabre, paru en 1979 chez Verdier, dans la postface de la première édition des *Batailles nocturnes. Sorcellerie et rituels agraires en Frioul, XVIᵉ-XVIIᵉ siècles*. La rubrique « Situations » propose, 40 ans après, un entretien avec Giordana Charuty et Carlo Ginzburg qui revient sur plusieurs aspects importants du dialogue de 1979.

### Mots clés

anthropologie ; aveu ; *benandanti* ; chamanisme ; confession ; croyances ; culture populaire ; De Martino ; démonologie ; ego-histoire ; ethnologie ; folklore ; hétérodoxie ; histoire ; histoire de l'art ; historien ; Inquisition ; interprétation ; Lévi-Strauss ; magie ; Menocchio ; meunier ; micro-histoire ; monde ; morphologie ; Moyen Âge ; nicodémisme ; paysan ; sabbat ; sorcellerie ; subalternes ; théologie politique.

Vrin - Thema
240 p. - 12 × 20 cm - 2010
ISBN 978-2-7116-2319-8, 13 €

**L'histoire**

Gilles Marmasse (dir.)

L'ouvrage propose une série d'analyses sur le thème de l'histoire. La diversité des objets d'étude et des approches est privilégiée : l'histoire dans la Bible, l'idée du progrès de l'humanité chez les philosophes du Moyen Âge, l'invention de la notion de « philosophie de l'histoire » dans la France des Lumières, la question du fil conducteur de l'histoire chez Kant et Hegel, la question du temps historique chez Marx et Heidegger, la question épistémologique de l'objet et de l'écriture de l'histoire dans le débat allemand et chez Ricœur, enfin la mise en cause, chez Foucault, d'une histoire unitaire et progressiste.

Ont collaboré à ce volume : G. Bensussan, A. Dewalque, F. Fischbach, M. Foessel, P. Gibert, É. Gilson, G. Marmasse, É. Martin-Haag, J. Michel et J. Revel.

---

**Philosophie des sciences humaines**

*Tome 1 : Concepts et problèmes*

Florence Hulak et Charles Girard (dir.)

Les sciences humaines ont en partage des concepts. L'histoire et la géographie, la sociologie et l'anthropologie, l'économie et la linguistique, la psychologie et la psychanalyse trouvent leur unité dans l'usage divers qu'elles en font, plutôt que dans un objet commun aux contours incertains. Pour s'établir comme sciences, elles ont dû affronter les problèmes épistémologiques, ontologiques et pratiques qu'ils suscitent ou révèlent.

En s'efforçant d'éclairer le sens et l'efficace de ces concepts, en rendant compte de l'articulation et de l'évolution de ces problèmes, la philosophie peut contribuer au développement des sciences humaines. Elle ouvre aussi pour elle-même un accès plus sûr à leurs savoirs et questionnements, sans lesquels elle ne saurait désormais avancer.

Vrin - Bibliothèque d'Histoire de la Philosophie – Poche
280 p. - 11 × 18 cm - 2012
ISBN 978-2-7116-2405-8, 12 €

---

**Philosophie des sciences humaines**

*Tome 2 : Méthodes et objets*

Florence Hulak et Charles Girard (dir.)

Les sciences humaines se distinguent les unes des autres par leurs méthodes et leurs objets privilégiés. En élaborant des procédures d'enquête spécifiques, elles s'efforcent de comprendre la vie psychique ou les pratiques collectives, la distribution des populations ou les rapports entre groupes, les idéaux sociaux ou les échanges matériels. Leur fin commune est toutefois d'éclairer de leurs lumières croisées une même réalité humaine et sociale. Leurs objets ont donc vocation à se rejoindre, leurs méthodes à se compléter.

En interrogeant leur pluralité sans la reconduire à une illusoire unité, la philosophie peut éclairer l'espace conceptuel et problématique qu'elles ont en commun. Elle ne ressort toutefois pas indemne d'une telle étude : ses propres questionnements, épistémologiques et politiques, se trouvent radicalement altérés par leur confrontation à ces disciplines.

Bibliothèque d'Histoire de la Philosophie – Poche
312 p. - 11 × 18 cm - 2015
ISBN 978-2-7116-2787-5, 13 €

# Derniers dossiers parus

**Varia**
Numéro 146 – 3e trim. 2016

**Le travail du juge**
Numéro 147 – 4e trim. 2016

**John Stuart Mill**
Numéro 148 – 1er trim. 2017

**La mémoire**
Numéro 149 – 2e trim. 2017

**C. S. Peirce**
Numéro 150 – 3e trim. 2017

**Aperçus de la pensée stoïcienne**
Numéro 151 – 4e trim. 2017

**Le végétal, savoirs et pratiques (1)**
Numéro 152 – 1er trim. 2018

**Le végétal, savoirs et pratiques (2)**
Numéro 153 – 2e trim. 2018

**T. W. Adorno**
Numéro 154 – 3e trim. 2018

**Pensée statistique, pensée probabiliste**
Numéro 155 – 4e trim. 2018

**Walter Benjamin critique**
Numéro 156 – 1er trim. 2019

**Le paysage**
Numéro 157 – 2e trim. 2019

**Les limites du langage**
Numéro 158 – 3e trim. 2019

**Rêve et imagination : approches antiques**
Numéro 159 – 4e trim. 2019

**Embarras de la démocratie**
Numéro 160 – 1er trim. 2020

**R. Carnap**
Numéro 161 – 2e trim. 2020

**L'ornement**
Numéro 162 – 3e trim. 2020

**Penser par diagrammes**
Numéro 163– 4e trim. 2020

**Après la vérité?**
Numéro 164– 1er trim. 2021

**Varia**
Numéro 165 – 2e trim. 2021

**Auguste Comte**
Numéro 166 – 3e trim. 2021

**Lieux de l'utopie**
Numéro 167 – 4e trim. 2021

# Cahiers Philosophiques

## BULLETIN D'ABONNEMENT

**Par courrier :** complétez et retournez le bulletin d'abonnement ci-dessous à :
Librairie Philosophique J. Vrin - 6 place de la Sorbonne, 75005 Paris, France
**Par mail :** scannez et retournez le bulletin d'abonnement ci-dessous à : abonnement@vrin.fr
**Pour commander au numéro :** www.vrin.fr ou contact@vrin.fr

### RÈGLEMENT

❏ France
❏ Étranger

❏ Par chèque bancaire :
à joindre à la commande à l'ordre de
Librairie Philosophique J. Vrin

❏ Par virement sur le compte :
BIC : PSSTFRPPPAR
IBAN : FR28 2004 1000 0100 1963 0T02 028

❏ Par carte visa :

_ _ _ _   _ _ _ _   _ _ _ _   _ _ _ _

expire le : _ _ / _ _
CVC (3 chiffres au verso) : _ _ _

Date :
Signature :

### ADRESSE DE LIVRAISON

Nom
Prénom
Institution
Adresse

Ville
Code postal
Pays
Email

### ADRESSE DE FACTURATION

Nom
Prénom
Institution
Adresse
Code postal
Pays

### ABONNEMENT - 4 numéros par an

| Titre | Tarif France | Tarif étranger | Quantité | Total |
|---|---|---|---|---|
| Abonnement 1 an - Particulier | 46,00 € | 60,00 € | | |
| Abonnement 1 an - Institution | 52,00 € | 70,00 € | | |
| | | | TOTAL À PAYER : | |

Tarifs valables jusqu'au 30/06/2023

\* Les tarifs ne comprennent pas les droits de douane, les taxes et redevance éventuelles, qui sont à la charge du destinataire à réception de son colis.